ACADEMIC
KOREAN WRITING
Advanced Level

대학 강의 수강을 위한

한국어 쓰기

고급

연세대학교 한국어학당 편

연세대학교 출판문화원

대학 강의 수강을 위한

한국어 쓰기 (고급)

편저자 연세대학교 한국어학당 교재편찬위원회
집필진 황인교 · 김성숙 · 정회정 · 홍윤혜 · 심신애 · 오은희
펴낸곳 연세대학교 출판문화원

주소 서울시 서대문구 연세로 50
전화 02) 2123-3380~2
팩스 02) 2123-8673
ysup@yonsei.ac.kr
http://www.yonsei.ac.kr/press
등록 1955년 10월 13일 제9-60호
인쇄 (주)화신문화

2012년 5월 25일 1판 1쇄 2022년 11월 10일 1판 5쇄
ISBN 978-89-7141-998-4 (08710)
978-89-7141-987-8 (세트)

값 10,000원

머리말

국내 최고의 명성으로 한국어 교육의 50년 전통을 이어 온 연세대학교 언어연구교육원 한국어학당에서는 한국어 교육의 질을 높이기 위해 그동안 많은 교재를 편찬해 왔다. 최근 한국 내 대학, 대학원에서 수학하고 있거나 진학하고자 하는 외국인이 증가함에 따라 학문을 목적으로 하는 한국어 교재에 대한 학습자들의 요구가 높아지고 있다. 이에 따라 연세대학교 언어연구교육원 한국어학당에서는 대학 수학을 목적으로 하는 외국인 유학생들을 대상으로 한국어와 한국 문화를 교육할 수 있는 새로운 교재를 출간하게 되었다.

연세대학교 언어연구교육원 한국어학당에서 출간하는 이 교재는 대학 생활에 필요한 의사소통 기능을 집중적으로 향상시킬 수 있는『대학 생활을 위한 한국어』시리즈와 대학에서의 수학 능력을 집중적으로 향상시킬 수 있는『대학 강의 수강을 위한 한국어』시리즈로 되어 있다.『대학 생활을 위한 한국어』시리즈는 초급 학습자를 위한『대학 생활을 위한 한국어 초급』, 중급 학습자를 위한『대학 생활을 위한 한국어 중급Ⅰ』,『대학 생활을 위한 한국어 중급Ⅱ』로 되어 있으며,『대학 강의 수강을 위한 한국어』시리즈는 중급 학습자를 위한『대학 강의 수강을 위한 한국어 중급Ⅰ』,『대학 강의 수강을 위한 한국어 중급Ⅱ』그리고 고급 학습자를 위한『대학 강의 수강을 위한 한국어 고급』으로 되어 있다.

『대학 생활을 위한 한국어』시리즈는 한국어 학습 단계별로 요구되는 내용을 주제로 말하기, 듣기, 쓰기 능력을 향상할 수 있도록 다양한 과제와 활동으로 구성된 분리형 교재이다. 그리고『대학 강의 수강을 위한 한국어』시리즈는 대학 수학에서 요구되는 기능과 장르를 중심으로 말하기, 듣기, 쓰기, 읽기 능력을 향상할 수 있도록 실용적인 과제와 활동으로 구성된 분리형 교재이다. 이들 교재에서는 학습자들이 흥미를 가질 수 있는 주제와 상황을 기초로 여러 가지 의사소통 기능 및 전략을 배울 수 있도록 배려하였다.

『대학 생활을 위한 한국어』와『대학 강의 수강을 위한 한국어』가 연세대학교 언어연구교육원 한국어학당에서 공부하는 학생들뿐만 아니라 한국 내에서 대학, 대학원 수학을 목적으로 하고 있는 모든 한국어 학습자들에게 도움이 되기를 바란다.

연세대학교 언어연구교육원
한국어학당 교재편찬위원회

일러두기

『대학 강의 수강을 위한 한국어 쓰기 고급』은 대학 강의를 수강하면서 써야 하는 보고서를 완성하는 데 필요한 단계별 과제를 중심으로 10개 과를 설계하였다. 이 책에는 개요를 세우고 이에 따라 서론·본론·결론 단락을 작성하는 보고서 과제의 절차적 지식이 구체적으로 소개되어 있다. 특히 본문의 논증에 필요한 단락 구성 방법이 귀납법·연역법, 문제-해결, 비교·대조, 조사 보고 등으로 다양하다. 또한 보고서의 표지와 <차례> 구성 방법, 인용 자료와 <참고문헌> 정리 방법을 간단히 배울 수 있다. 그리고 동료 평가지와 교사 평가지가 수록되어 있어서 수정과 평가 단계에 활용할 수 있다. 각 과에서는 보고서의 세부 단락 작성에 필요한 구성과 표현을 익힌 후 단계별로 2개 과제를 수행하고 스스로 자신의 보고서를 작성해 보도록 하여 과제의 난이도를 순차적으로 조정하였다.

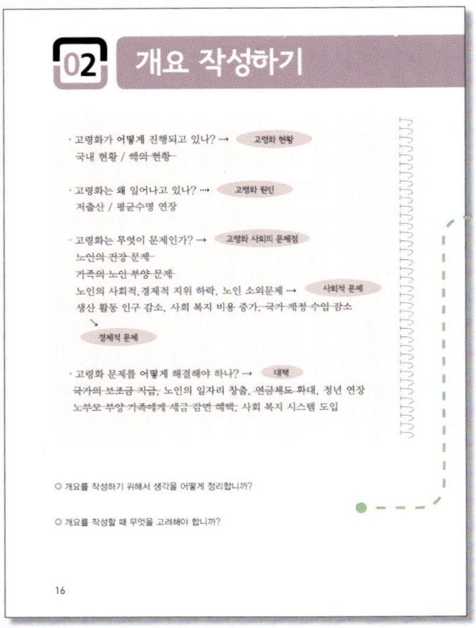

02 개요 작성하기

· 고령화가 어떻게 진행되고 있나? → 고령화 현황
국내 현황 / ~~해외 현황~~

· 고령화는 왜 일어나고 있나? → 고령화 원인
저출산 / 평균수명 연장

· 고령화는 무엇이 문제인가? → 고령화 사회의 문제점
~~노인의 건강 문제~~
~~가족의 노인 부양 문제~~
노인의 사회적, 경제적 지위 하락, 노인 소외문제 → 사회적 문제
생산 활동 인구 감소, 사회 복지 비용 증가, ~~국가 재정 수입 감소~~
→ 경제적 문제

· 고령화 문제를 어떻게 해결해야 하나? → 대책
~~국가의 보조금 지급,~~ 노인의 일자리 창출, ~~연금제도 확대,~~ 정년 연장
~~노부모 부양 가족에게 세금 감면 혜택,~~ 사회 복지 시스템 도입

○ 개요를 작성하기 위해서 생각을 어떻게 정리합니까?

○ 개요를 작성할 때 무엇을 고려해야 합니까?

16

준비해봅시다

보고서 작성의 과정별 과제를 제시하였다.
보고서의 주요 단락별 조직을 도표화하여 도입 자료로 활용할 수 있다.

간단한 질문을 통해 배울 내용을 생각해 볼 수 있도록 하였다.

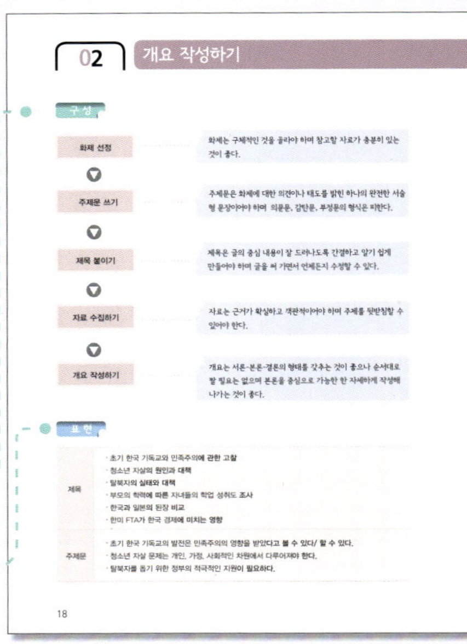

02 개요 작성하기

구성

화제 선정 — 화제는 구체적인 것을 골라야 하며 참고할 자료가 충분히 있는 것이 좋다.
주제문 쓰기 — 주제문은 화제에 대한 의견이나 태도를 밝힌 하나의 완전한 서술형 문장이어야 하며 의문문, 감탄문, 부정문의 형식은 피한다.
제목 붙이기 — 제목은 글의 중심 내용이 잘 드러나도록 간결하고 알기 쉽게 만들어야 하며 글을 써 가면서 언제든지 수정할 수 있다.
자료 수집하기 — 자료는 근거가 확실하고 객관적이어야 하며 주제를 뒷받침할 수 있어야 한다.
개요 작성하기 — 개요는 서론-본론-결론의 형태를 갖추는 것이 좋으나 순서대로 할 필요는 없으며 본론을 중심으로 가능한 한 자세하게 작성해 나가는 것이 좋다.

표현

제목	· 초기 한국 기독교와 민족주의에 관한 고찰 · 청소년 자살의 원인과 대책 · 탈북자의 실태와 대책 · 부모의 학력에 따른 자녀들의 학업 성취도 조사 · 한국과 일본의 된장 비교 · 한미 FTA가 한국 경제에 미치는 영향
주제문	· 초기 한국 기독교의 발전은 민족주의의 영향을 받았다고 볼 수 있다/ 할 수 있다. · 청소년 자살 문제는 개인, 가정, 사회적인 차원에서 다루어져야 한다. · 탈북자를 돕기 위한 정부의 적극적인 지원이 필요하다.

18

써봅시다

읽은 내용과 구성을 간단히 확인하여 기능 단락의 전개 방식을 익힌다.

예시문의 구성을 확인한다.

예시문의 표현을 중심으로 기능 단락의 구성에 필요한 표현을 확장한다.

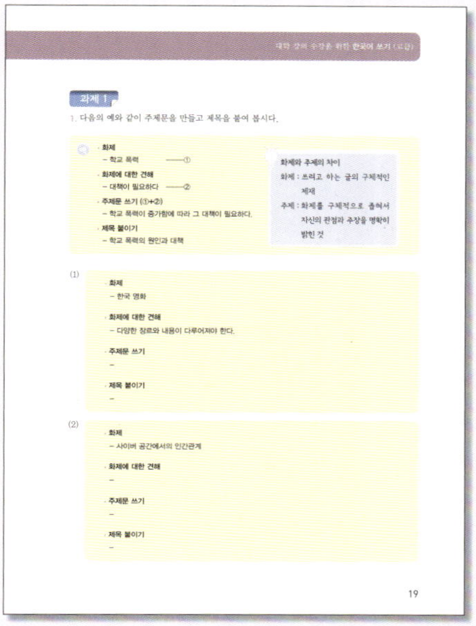
대학 강의 수강을 위한 한국어 쓰기 (고급)

과제 1

1. 다음의 예와 같이 주제문을 만들고 제목을 붙여 봅시다.

· 화제
– 학교 폭력 ——①
· 화제에 대한 견해
– 대책이 필요하다 ——②
· 주제문 쓰기 (①+②)
– 학교 폭력이 증가함에 따라 그 대책이 필요하다.
· 제목 붙이기
– 학교 폭력의 원인과 대책

화제와 주제의 차이
화제 : 쓰려고 하는 글의 구체적인 제재
주제 : 화제를 구체적으로 좁혀서 자신의 관점과 주장을 명확히 밝힌 것

(1)
· 화제
– 한국 영화
· 화제에 대한 견해
– 다양한 장르와 내용이 다루어져야 한다.
· 주제문 쓰기
–
· 제목 붙이기
–

(2)
· 화제
– 사이버 공간에서의 인간관계
· 화제에 대한 견해
–
· 주제문 쓰기
–
· 제목 붙이기
–

19

과제 1

학습한 단락 구성 지식과 어휘 표현을 활용하여 제시된 자료로 단락을 작성한다.

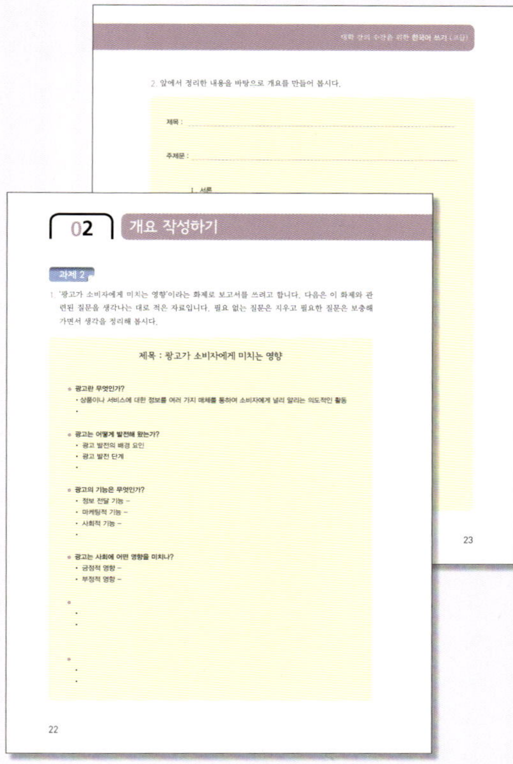
대학 강의 수강을 위한 한국어 쓰기 (고급)

2. 앞에서 정리한 내용을 바탕으로 개요를 만들어 봅시다.

제목 :

주제문 :

I. 서론

23

02 개요 작성하기

과제 2

1. '광고가 소비자에게 미치는 영향'이라는 화제로 보고서를 쓰려고 합니다. 다음은 이 화제와 관련된 질문을 생각나는 대로 적은 자료입니다. 필요 없는 질문은 지우고 필요한 질문은 보충해 가면서 생각을 정리해 봅시다.

제목 : 광고가 소비자에게 미치는 영향

- 광고란 무엇인가?
  - 상품이나 서비스에 대한 정보를 여러 가지 매체를 통하여 소비자에게 널리 알리는 의도적인 활동
  -
- 광고는 어떻게 발전해 왔는가?
  - 광고 발전의 배경 요인
  - 광고 발전 단계
  -
- 광고의 기능은 무엇인가?
  - 정보 전달 기능 –
  - 마케팅적 기능 –
  - 사회적 기능 –
  -
- 광고는 사회에 어떤 영향을 미치나?
  - 긍정적 영향 –
  - 부정적 영향 –

22

과제 2

제시된 자료의 빈 칸을 채우고 보고서의 기능 단락을 작성하는 과제를 수행한다.

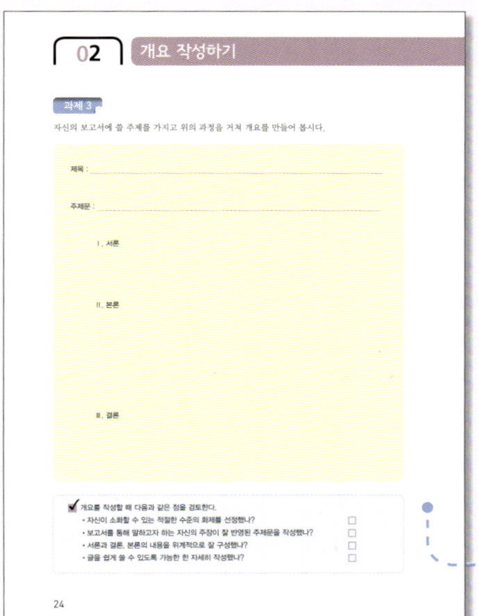
02 개요 작성하기

과제 3

자신의 보고서에 쓸 주제를 가지고 위의 과정을 거쳐 개요를 만들어 봅시다.

제목 :

주제문 :

I. 서론

II. 본론

III. 결론

✔ 개요를 작성할 때 다음과 같은 점을 검토한다.
- 자신이 소화할 수 있는 적절한 수준의 화제를 선정했나? ☐
- 보고서를 통해 말하고자 하는 자신의 주장이 잘 반영된 주제문을 작성했나? ☐
- 서론과 결론, 본론의 내용을 위계적으로 잘 구성했나? ☐
- 글을 쉽게 쓸 수 있도록 가능한 한 자세히 작성했나? ☐

24

과제 3

자신이 선택한 주제로 보고서의 기능 단락을 작성하는 과제를 수행한다.

초고를 완성하고 수정을 하면서 고려해야 할 사항을 제시하여 수정과 평가 시 활용하도록 하였다.

차례

내용 구성

과	제목	내용
1	보고서	• 표지 쓰기 • 보고서의 구성 및 절차 • 윤리 규정
2	개요 작성하기	• 주제문 쓰기 • 개요 구성하기 • 제목 붙이기
3	서론 쓰기	• 현황 제시하기 • 문제 제기하기 • 연구 방법 및 목적 밝히기 • 본문 내용 소개하기
4	논리 전개하기	• 주장 · 근거 대기 • 예시 · 주장하기 • 문제 · 해결하기
5	비교하기	• 비교하기 • 대조하기
6	인용하기	• 직접 인용하기 • 간접 인용하기
7	조사하기	• 설문 문항 작성하기 • 설문 결과 정리하기
8	결론 쓰기	• 본론 요약하기 • 연구 성과 및 한계 제시하기 • 후속 과제 및 전망 제시하기
9	각주 및 참고문헌 달기	• 각주 작성하기 • 참고문헌 작성하기
10	평가하기	• 수정하기 • 첨삭하기 • 평가하기

01 보고서

연구보고서
학술단체, 문화단체, 기업, 정부 등의 연구 수행 결과

학습보고서
대학의 강의에서 부과되는 과제 수행 결과

실험보고서
과학 기술에 대한 실험 결과

평가보고서
보고된 내용의 평가 결과

조사보고서
기후, 수출입 현황, 여론 등 사실이나 현황을 파악하기 위한 조사 결과

사업보고서
기관의 사업 수행 결과

출장보고서
직장인, 공무원 등의 출장 수행 결과

학습보고서	학습 과제로 제출	디지털시대 인쇄 매체의 기능과 역할 – 주요 일간지와 여론 형성의 상관관계를 중심으로
조사보고서	대상에 대한 조사	한국 남성의 인터넷 쇼핑몰 이용 실태 동향 조사
실험보고서	관찰 및 실험	용수철을 이용한 구심력의 특성 측정

다음 글의 구성 방식을 살펴봅시다.

인천 지역 중국 유학생의 대학 생활 적응 양상 조사

<차 례>

강의명 : 지역사회 이해
담당교수 : 한성진
이름 : 김영수
학번 : 201276825
소속 : 교육학과
제출일 : 2012. 5. 11

유학생은 유래를 찾아볼
였다. 특히 인천 지역의
에 있는데다가 대학 자체
학생이 빠르게 늘어나고
응 문제가 대학의 시급
부진은 물론 교우관계
학생들의 비율이 늘어
불가능한 상황이기 때

자료를 통해 중국 유학
적응에 영향을 미치는
설문 조사 자료를 검
응 양상을 살펴 볼 것
이 나아갈 방향을 구
목적이다.
인천 지역 중국 유학
생활 적응 변인을
을 중심으로 현재까

표지에는 무엇을 써야 합니까?

표지가 없는 보고서는 어떻게 시작합니까?

01 보고서

구성과 내용

구성	내용
표지	제목, 강의명, 담당 교수, 이름, 학번, 학과, 제출일 본문 위에 제목, 이름(학번, 소속)을 쓰는 것으로 표지를 대신할 수도 있다.
차례	수문자식: Ⅰ. / Ⅱ. / 1. / 2. / Ⅲ. / Ⅳ. 숫자식: 1. / 2 / 2.1. / 2.2. / 3. / 4. • 표지 또는 본문 시작 전에 글상자 안에 넣어 제시한다. • 내용 구성에 시작-중간-끝이 있어야 한다. • 같은 주제를 묶어 위계적으로 정리한다.
본문	서론(현황, 문제 제기, 연구 방법 및 목적, 본문 내용 소개) 본론(세부 내용 기술, 결과 정리) 결론(본문 내용 요약, 연구 성과 및 한계, 후속 과제 및 전망)
참고문헌	참고한 모든 자료(단행본, 논문, 작품, 자료, 잡지 및 신문)의 서지사항(출판 연도, 출판사, 쪽수)을 밝힌다. 문헌 자료 외에 비디오, 오디오, 사진 등의 출처, 참고한 인터넷 사이트의 주소 등도 밝힌다.

다음 제목 가운데 하나를 골라 표지를 작성해 봅시다.

- **한국 가부장제의 변화**
  - 드라마에 나타난 아버지상을 중심으로
- **한국 영화의 가능성과 한계**
  - '박쥐'와 '마더'의 가족주의
- **인간 복제 시대의 인간관**

- **조기 퇴직의 문제점과 개선 방안**
- **TV 금융 광고에 나타난 여성 역할 모델 분석**
- **청소년의 인터넷 이용 실태 조사**

- **소화제의 종류에 따른 음식물의 분해 속도와 그 효과**
- **산성비의 영향과 그 해결책**
- **해양 생태계의 변화 동향**
  - 서해안 갯벌을 중심으로

<차　례>

강의명 :
담당교수 :
이름 :
학번 :
소속 :
제출일 :

01 보고서

주제 선정

보고서를 쓰는 목적을 생각하여 구체적인 주제를 잡는다.

자료 수집과 정리

인터넷이나 책 등에서 자료를 검색하여 수집하고 모은 자료를 분석한다. 그 가운데 주제에 맞는 자료를 골라 목록으로 정리한다.

구성과 개요 작성

내용을 구체적으로 구성하고 연구 방법과 필요한 자료, 참고문헌도 정리해 두는 게 좋다.

집필 및 수정

- 보고할 내용의 주제, 참고한 이론이나 연구방법 등을 명확하게 제시하고 그 내용을 체계적으로 분류하여 써야 한다.
- 자신의 주장이나 가설이 있어야 한다.
- 전체적으로 구조가 적당한지 살펴보고 나서 맞춤법 및 띄어쓰기 등이 정확한지 확인한다.

제출

- 표지 및 목차, 참고문헌 등이 형식에 맞는지 확인한다.
- 인용한 내용의 출처를 정확하게 밝혔는지 확인한다.

(* '3.연구 윤리' 13쪽 참조)

- 제출 마감일을 지킨다.

연구 윤리를 알아봅시다.

(1) 집필을 할 때 자신이 생각한 내용과 다른 사람의 논의를 인용한 부분이 정확하게 구별되도록 다음과 같은 점에 각별히 유의하여야 한다.

- 다른 사람이 쓴 글의 일부를 원문 그대로 또는 번역해서 인용하는 경우에 가져 온 출처를 표시하고 참고문헌 목록에도 넣어야 한다. 저자명, 저서명(학술지명), 학술지(잡지)의 권 · 호수, 페이지, 출간연도 등을 재인용한 곳에서 가져다 쓰지 말고 원 논문(저서)에서 직접 확인해 써야 한다. 다만 불가피한 경우에는 재인용임을 밝히고 인용할 수 있다.
- 공개적으로 발표된 글을 인용해야 하며, 공개되지 않은 자료를 인용하는 경우에는 반드시 저자가 동의해야 한다.
- 다른 사람이 이미 발표한 글에 담긴 이론이나 아이디어를 소개할 때에도 그 출처를 밝혀야 한다. 어떤 아이디어가 자신의 것이고 어떤 아이디어가 참고한 것인지가 명확히 드러나도록 집필해야 한다.
- 자신의 글에 중요한 영향을 주었거나 연구 내용을 이해하는 데 도움이 될 수 있는 중요한 문헌이 있다면 꼭 참고문헌에 포함시켜야 한다.
- 타인의 아이디어 또는 그가 제공한 사실을 사용할 때에는 누구의 것인지를 밝혀야 한다. 그러나 그것이 일반적으로 누구나 알 수 있는 것이라면 밝히지 않아도 된다. 만일 그것이 일반적인 지식인지 잘 알 수 없을 때에는 꼭 출처를 밝히도록 한다.

(2) 연구를 수행하는 대학이나 학회 등에서는 저자의 권리를 보호하기 위하여 다음과 같이 연구 윤리 관련 규정을 제정하고 있다.

제2조(정의) 연구부정행위(이하 "부정행위"라 한다)라 함은 다음 각 호가 정의하는 바와 같이 연구의 제안, 연구의 수행, 연구 결과의 보고 및 발표 등에서 행하여진 위조 · 변조 · 표절 · 부당한 논문 저자 표시 · 자료의 중복 사용 등을 말한다. 다만, 경미한 과실에 의한 것이거나 데이터 또는 연구 결과에 대한 해석 또는 판단에 대한 차이의 경우는 제외한다.

1. "위조"는 존재하지 않는 데이터 또는 연구 결과 등을 허위로 만들어 내는 행위를 말한다.
2. "변조"는 연구 재료 · 장비 · 과정 등을 인위적으로 조작하거나 데이터를 임의로 변형 · 삭제함으로써 연구 내용 또는 결과를 왜곡하는 행위를 말한다.
3. "표절"이라 함은 타인의 아이디어, 연구 내용 · 결과 등을 정당한 승인 또는 인용 없이 도용하는 행위를 말한다.

4. “부당한 논문 저자 표시”는 연구 내용 또는 결과에 대하여 과학적 · 기술적 공헌 또는 기여를 한 사람에게 정당한 이유 없이 논문 저자 자격을 부여하지 않거나, 과학적 · 기술적 공헌 또는 기여를 하지 않은 자에게 감사의 표시 또는 예우 등을 이유로 논문 저자 자격을 부여하는 행위를 말한다.
5. “자료의 중복 사용”은 본인이 이미 출판한 자료를 정당한 승인 또는 인용 없이 다시 출판하거나 게재하는 행위를 말한다.
6. 타인에게 위 제1호 내지 제4호의 행위를 제안 · 강요하거나 협박하는 행위
7. 기타 학계 또는 과학기술계에서 통상적으로 용인되는 범위를 현저하게 벗어난 행위

〈출전 : 연세대학교 연구처 규정〉

Q: 한국 친구가 제 보고서의 초고를 80~90% 이상 고쳐 준 덕분에 한국 사람이 쓴 것처럼 거의 완벽해졌어요. 이런 방법은 연구 윤리에 어긋나나요?

A: 한국인의 조언을 구하는 것은 좋지만, 자신의 창의적인 생각이 없어지고 친구의 생각만 남게 되면 안 돼요. 문법이나 맞춤법에 대한 교정은 받을 수 있지만, 글의 내용은 전적으로 자신의 것이어야 합니다.

※ 학과 세미나와 학술 대회, 초록지, 도서관의 자료 검색 프로그램을 활용해 필요한 자료를 찾을 수 있다. 다음 학술 데이터베이스에 핵심어를 입력해서 필요한 자료를 찾아보자.

- 국가 전자 도서관 http://www.dlibrary.go.kr
- 국회 도서관 http://www.nanet.go.kr
- 국립 중앙 도서관 http://www.nl.go.kr
- 누리 미디어 http://www.dbpia.co.kr
- 한국학술정보 http://www.papersearch.net
- 한국교육학술정보원 http://rs2.riss4u.net
- 과학기술 지식정보시스템 http://science.knowledge.go.kr
- 과학기술 학회 마을 http://socity.kisti.re.kr

✔ 표지를 작성할 때 다음과 같은 점을 검토한다.
- 제목을 표지 상단의 가운데에 알맞은 크기로 작성했나? ☐
- 자신의 전공 학과와 학번, 이름을 표지 양식에 맞게 썼나? ☐
- 보고서의 소제목을 위계적으로 잘 구성했고 차례를 글상자 안에 넣었나? ☐

다음 강의 명을 참고하여 자신이 쓸 보고서의 주제를 정해 봅시다.

계열	강의 명	주제 예
인문	철학과 윤리, 한국근현대사, 동양문화사, 서양문화의 유산, 서양 철학사, 성의 역사, 철학적 문명론, 동양의 인간과 윤리, 동아시아신화 기행, 전쟁과 서구문명, 한국사회경제사, 근대유럽의 세계, 한국근현대의 민중과 생활, 동아시아와 인류문명, 한국문화유산의 이해, 그리스신화의 이해, 현대철학의 문제, 문학의 이해, 인간이란 무엇인가, 인간 언어란 무엇인가, 컴퓨터게임과 문화, 인간학의 문제들, 청년기의 갈등과 자기이해, 인간행동의 심리적 이해, 인지과학: 마음 언어 기계	"한국어에 나타난 한국인의 가치관"
사회	현대사회와 사회학, 현대사회와 심리학, 현대사회와 경제, 현대한국정치사의 쟁점, 시민사회와 자원봉사, 현대사회의 법과 권리, 한국교육의 역사와 문제, 조직이란 무엇인가, 문화인류학, 현대사회의 과제, 인구와 미래, 산업화와 노동문제, 사회구조와 자율성, 법과 민주주의, 매스컴과 현대사회, 일의 세계와 심리학, 한국사회와 여성문제, 현대사회와 행정, 리더십이론, 국제기구와 국제관계, 환경과의 조화로운 삶, 자유민주주의와 시민사회, 정치경제학, 남북한관계론, 성과 인간관계, 성평등 리더십의 이해와 실천, 세계화와 다문화주의, 한국 민주주의와 한반도 평화, 정보와 사회, 인터넷과 전자상거래, 컴퓨터 입문, 세계 평화와 국제관계, NGO와 국제 행정	"시민사회의 성장과 민주주의"
예술	연극의 이해, 미술사, 현대사상과 문화예술, 지구촌시대의 문화인류학, 영화의 이해, 미디어사회 문화의 이해, 음악사, 디자인과 문화, 중국문화와 사상, 한국전통음악의 이해, 현대인의 생활영양, 인간과 건강, 건강과 운동, 현대사회와 스포츠, 현대사회와 정신건강, 한국의 언어와 문자, 북한문학의 이해, 한국미술사, 서양미술사, 음악의 기초이론, 음악과 사상, 전통음악의 이해, 사진예술의 이해, 공연예술비평, 문학과 영상예술, 문학과 사회, 매체와 예술, 한국영화의 이해, 축제문화의 이해	"현대 연극의 실험 정신"
자연	수학과 현대사회, 물리학의 현대적 이해, 물질문명의 명암, 현대생명론, 지구의 생성과 진화, 우주의 이해, 기후와 문명, 생명과학이란 무엇인가, 지구와 우주, 물질과 생명, 생명과 환경, 지구와 환경, 인간과 생태, 환경 보존과 영향 평가, 생활과 원예, 컴퓨터개론, 논리적 사고와 세계상, 동서양 과학기술과 문명	"기후 변화가 생태계에 미치는 영향"

02 개요 작성하기

• 고령화가 **어떻게** 진행되고 있나? ⋯→ 고령화 현황

국내 현황 / ~~해외 현황~~

• 고령화는 **왜** 일어나고 있나? ⋯→ 고령화 원인

저출산 / 평균수명 연장

• 고령화는 **무엇이** 문제인가? ⋯→ 고령화 사회의 문제점

~~노인의 건강 문제~~

~~가족의 노인 부양 문제~~

노인의 사회적,경제적 지위 하락, 노인 소외문제 ⋯→ 사회적 문제

생산 활동 인구 감소, 사회 복지 비용 증가, ~~국가 재정 수입 감소~~

⋯→ 경제적 문제

• 고령화 문제를 **어떻게** 해결해야 하나? ⋯→ 대책

~~국가의 보조금 지급~~, 노인의 일자리 창출, ~~연금제도 확대~~, 정년 연장

~~노부모 부양 가족에게 세금 감면 혜택~~, 사회 복지 시스템 도입

○ 개요를 작성하기 위해서 생각을 어떻게 정리합니까?

○ 개요를 작성할 때 무엇을 고려해야 합니까?

문장식 개요

- 제목 : 고령화 사회의 문제와 대책
- 주제문 : 고령화 문제는 국가적인 차원에서 다루어야 한다.

Ⅰ. 서론
한국 사회가 점점 고령화 사회가 되어 가고 있다.

Ⅱ. 본론
1. 고령화의 실태와 원인
   1) 국내 고령화가 빠르게 진행되고 있다.
   2) 저출산과 평균 수명 연장 등이 고령화에 영향을 미친다.
2. 고령화 사회의 문제점
   1) 경제 활동 인구가 감소하고 사회 복지 비용은 증가해 국가 경제가 악화된다.
   2) 사회적으로 노인의 지위가 하락하여 노인 소외 등의 문제를 일으킨다.
3. 고령화 사회의 대책
   1) 노인의 일자리 창출과 정년 연장 등을 통해 노인의 소득을 보장해 주는 방안을 마련해야 한다.
   2) 사회 복지 시스템을 통해 노인의 사회 활동을 지원해야 한다.

Ⅲ. 결론
국가적인 차원에서 고령화 사회의 문제점을 해결할 대책을 세워야 한다.

화제식 개요

- 제목 : 고령화 사회의 문제와 대책
- 주제문 : 고령화 문제는 국가적인 차원에서 다루어야 한다.

Ⅰ. 서론
한국 사회의 고령화

Ⅱ. 본론
1. 고령화의 실태와 원인
   1) 국내 고령화 현황
   2) 고령화의 원인
2. 고령화 사회의 문제점
   1) 경제적 문제
   2) 사회적 문제
3. 고령화 사회의 대책
   1) 소득 보장
   2) 사회 복지 서비스 정책 도입

Ⅲ. 결론
국가적 차원의 대책 필요

위 두 개요를 비교해 보고 그 차이점을 말해 봅시다.

위 개요를 보고 내용의 흐름을 이야기해 봅시다.

02 개요 작성하기

구 성

화제 선정	화제는 구체적인 것을 골라야 하며 참고할 자료가 충분히 있는 것이 좋다.
주제문 쓰기	주제문은 화제에 대한 의견이나 태도를 밝힌 하나의 완전한 서술형 문장이어야 하며 의문문, 감탄문, 부정문의 형식은 피한다.
제목 붙이기	제목은 글의 중심 내용이 잘 드러나도록 간결하고 알기 쉽게 만들어야 하며 글을 써 가면서 언제든지 수정할 수 있다.
자료 수집하기	자료는 근거가 확실하고 객관적이어야 하며 주제를 뒷받침할 수 있어야 한다.
개요 작성하기	개요는 서론-본론-결론의 형태를 갖추는 것이 좋으나 순서대로 짤 필요는 없으며 본론을 중심으로 가능한 한 자세하게 작성해 나가는 것이 좋다.

표 현

제목	• 초기 한국 기독교와 민족주의**에 관한 고찰** • 청소년 자살**의 원인과 대책** • 탈북자**의 실태와 대책** • 부모의 학력**에 따른** 자녀들의 학업 성취도 **조사** • 한국**과** 일본**의** 된장 **비교** • 한미 FTA**가** 한국 경제**에 미치는 영향**
주제문	• 초기 한국 기독교의 발전은 민족주의의 영향을 받았**다고 볼 수 있다/ 할 수 있다.** • 청소년 자살 문제는 개인, 가정, 사회적인 차원에서 다루어져**야 한다.** • 탈북자를 돕기 위한 정부의 적극적인 지원**이 필요하다.**

과제 1

1. 다음의 예와 같이 주제문을 만들고 제목을 붙여 봅시다.

예

- **화제**
  – 학교 폭력 ——①
- **화제에 대한 견해**
  – 대책이 필요하다 ——②
- **주제문 쓰기 (①+②)**
  – 학교 폭력이 증가함에 따라 그 대책이 필요하다.
- **제목 붙이기**
  – 학교 폭력의 원인과 대책

화제와 주제의 차이

화제 : 쓰려고 하는 글의 구체적인 소재

주제 : 화제를 구체적으로 좁혀서 자신의 관점과 주장을 명확히 밝힌 것

(1)

- **화제**
  – 한국 영화
- **화제에 대한 견해**
  – 다양한 장르와 내용이 다루어져야 한다.
- **주제문 쓰기**
  –
- **제목 붙이기**
  –

(2)

- **화제**
  – 사이버 공간에서의 인간관계
- **화제에 대한 견해**
  –
- **주제문 쓰기**
  –
- **제목 붙이기**
  –

02 개요 작성하기

2. 다음은 '학교 폭력'이라는 화제와 관련된 질문과 대답을 생각나는 대로 적은 자료입니다. 빈 칸에 알맞은 말을 넣어서 묶어 봅시다.

대책	가정적인 원인	개인적인 원인	학교 폭력 증가의 원인	교육 환경적인 원인

- 학교 폭력이란 **무엇**인가? ⋯▸ 학교 폭력의 개념
  폭행, 협박, 따돌림⋯ └▸ 서론

- ~~학교 폭력의 사례로 **어떤** 것이 있나?~~
  ~~실제 자료 참고~~

- **왜** 학교 폭력이 증가하고 있는가? ⋯▸ (　　　　)

  인터넷 게임의 영향으로 성격이 난폭해짐 ⋱ (　　　　)
  ~~학교 내 폭력 집단 조직에 가입~~
  ~~사춘기의 반항심~~

  ~~가정교육 기능의 약화,~~
  부모의 잘못된 양육태도 ⋱ (　　　　)
  ~~결손 가정의 증가~~ ⋰
  경제적으로 어려운 가정 형편

  입시 위주의 학교 교육으로 인성 교육 부족 ⋱ (　　　　)
  ~~교사에 대한 신뢰감 상실~~ ⋰
  폭력 학생에 대한 학교 차원의 대응 방법 부재

- 학교 폭력을 **어떻게** 막을 수 있을까? ⋯▸ (　　　　)

  가정 · 개인 : 폭력적 게임 지양
  학교 : 전문 상담 교사가 배치된 교내 상담실 운영

'학교 폭력'과 관련된, 앞의 화제식 개요를 참고로 하여 문장식 개요를 만들어 봅시다.

제목 : ______________________________

주제문 :

Ⅰ. 서론

학교 폭력이 심각해지고 있다.

학교 폭력으로는 ______________________________이 있다.

Ⅱ. 본론

1. 학교 폭력 증가의 원인

1)

-

2) 가정적인 원인

-
-

3)

-
- 폭력 학생에 대한 학교 차원의 대응 방법 부재

2.

1)

2)

3)

Ⅲ. 결론

학교 폭력을 근절하기 위해서는 개인, 가정, 학교가 함께 지속적으로 노력해야 한다.

개요 작성 순서

- 관심 분야에 대해 떠오르는 질문을 생각나는 대로 적어보고 "무엇을, 왜, 어떻게, 누가, 언제…" 질문에 간단히 대답을 써 본다.
- 자신이 쓰고자 하는 보고서의 흐름에 맞지 않는 부분은 지우고 관련성이 높은 항목끼리는 묶어 가며 정리한다.
- 서론, 본론, 결론에 정리된 내용들을 적절하게 배치한다.
- 글을 쓰기 쉽게 개요는 가능한 한 자세히 작성하여야 하며 본문의 전체 구성에 맞지 않는 내용은 과감하게 수정한다.

02 개요 작성하기

과제 2

1. '광고가 소비자에게 미치는 영향'이라는 화제로 보고서를 쓰려고 합니다. 다음은 이 화제와 관련된 질문을 생각나는 대로 적은 자료입니다. 필요 없는 질문은 지우고 필요한 질문은 보충해 가면서 생각을 정리해 봅시다.

제목 : 광고가 소비자에게 미치는 영향

- **광고란 무엇인가?**
  - 상품이나 서비스에 대한 정보를 여러 가지 매체를 통하여 소비자에게 널리 알리는 의도적인 활동
  -

- **광고는 어떻게 발전해 왔는가?**
  - 광고 발전의 배경 요인
  - 광고 발전 단계
  -

- **광고의 기능은 무엇인가?**
  - 정보 전달 기능 –
  - 마케팅적 기능 –
  - 사회적 기능 –
  -

- **광고는 사회에 어떤 영향을 미치나?**
  - 긍정적 영향 –
  - 부정적 영향 –

-
  -
  -

-
  -
  -

2. 앞에서 정리한 내용을 바탕으로 개요를 만들어 봅시다.

제목 : ____________________

주제문 : ____________________

Ⅰ. 서론

Ⅱ. 본론

Ⅲ. 결론

02 개요 작성하기

과제 3

자신의 보고서에 쓸 주제를 가지고 위의 과정을 거쳐 개요를 만들어 봅시다.

제목 : ______________________________

주제문 : ______________________________

Ⅰ. 서론

Ⅱ. 본론

Ⅲ. 결론

✔ 개요를 작성할 때 다음과 같은 점을 검토한다.

- 자신이 소화할 수 있는 적절한 수준의 화제를 선정했나? ☐
- 보고서를 통해 말하고자 하는 자신의 주장이 잘 반영된 주제문을 작성했나? ☐
- 서론과 결론, 본론의 내용을 위계적으로 잘 구성했나? ☐
- 글을 쉽게 쓸 수 있도록 가능한 한 자세히 작성했나? ☐

03 서론 쓰기

현황 제시

문제 제기

연구 방법 및 목적

본문 내용 소개

- 보고서의 첫 단락은 어떻게 시작하는 것이 좋습니까?

- 보고서의 서론에는 어떤 내용을 써야 합니까?

이 보고서의 서론을 읽고 제목을 붙여 봅시다.

지난 10년 간 한국의 65세 이상 고령 인구는 경제협력개발기구(OECD)에 속한 국가들 중에서 가장 빠르게 증가하였다. 저출산으로 청장년층이 줄고 의료 기술의 발달로 평균 수명이 늘어난 것이 한국 사회의 고령화 추세를 가속화하는 원인으로 보인다. 고령화 사회란 총인구 중에 차지하는 노년 인구의 비율이 7% 이상인 사회를 가리킨다. 올해 OECD에서 발표한 자료에 따르면 2030년 총인구 대비 65세 이상 노인 인구 비율은 일본이 31.8%로 가장 높고, 독일(27.8%), 이탈리아(27.3%), 한국(24.3%)이 그 뒤를 이을 전망이다.

사회 구성원 가운데 노년 인구의 비율이 이렇게 많아지면 치매 노인 위탁 시설이나 영세 노인에 대한 생활 보조금 지원 등 여러 가지 문제가 생기게 된다. 현재 한국은 대부분의 노인 문제를 가족 단위로 해결하고 있는 실정이지만 이렇게 해서는 고령화 사회에 대해 체계적인 대책을 세우기 어렵다. 미래의 4대 노인 국가 가운데 일본 · 독일 · 이탈리아는 100여 년 이상의 산업화를 거친 선진국이므로 노인 복지 시스템을 어느 정도 체계적으로 갖추어온 반면, 50여 년 만에 급속한 경제 성장을 이룬 한국은 아직 고령화 사회에 대한 준비가 여러 모로 미흡하다.

이에 본고에서는 관련 통계 자료를 통해 노인 문제의 현황을 파악하고 참고문헌과 설문 조사 자료를 검토함으로써 고령화 문제의 원인과 해결책을 찾아볼 것이다. 본고의 목적은 이와 같이 한국 노인 문제의 원인과 정부 차원의 대책을 고찰함으로써 고령화 사회에 대한 정책적 준비를 돕는 데에 있다. 이를 위해 본론에서는 2장에서 고령화 사회의 실태와 원인에 대해서 살펴보고 3장에서 고령화 사회로 인한 여러 문제점을 예시할 것이다. 그리고 마지막으로 4장에서는 이와 같은 문제를 해결하기 위해 정부가 마련할 수 있는 대책을 고찰해 보고자 한다.

- 효과적인 도입을 위해서는 의문문으로 질문을 던지거나 간단한 일화를 소개하거나 인용문·표어·명구(epigraph)로 시작할 수도 있다.
- 연구 논문과 달리 보고서에는 선행 연구를 검토할 수 있는 장이 따로 없으므로 서론 부분에서 주요 논문 1~2편의 성과를 정리하는 것도 좋다.
- 현황을 제시할 때는 1~2문장 정도로 연구 대상과 관련된 통계 자료나 수치를 보여주고 점점 주제를 좁혀가는 것이 좋다.
- 서론과 본론, 결론의 분량은 대체로 1:3:1의 비율로 작성하는 것이 좋다.

03 서론 쓰기

구성

현황 제시

지난 10년 간 한국의 65세 이상 고령 인구는 경제협력개발기구(OECD)에 속한 국가들 중에서 가장 빠르게 증가**하였다.** … **올해** OECD**에서 발표한 자료에 따르면** 2030년 총인구 대비 65세 이상 노인 인구 비율은 일본이 31.8%**로 가장 높고,** … 한국(24.3%)**이 그 뒤를 이을 전망이다.**

문제 제기

… 노년 인구의 비율이 **이렇게 많아지면** … 영세 노인에 대한 생활 보조금 지원 등 여러 가지 문제가 생기**게 된다. 현재** 한국은 노인 문제를 가족 단위로 해결하고 있는 **실정이지만 이렇게 해서는** 고령화 사회에 대해 체계적 대책을 세우**기 어렵다.** … 이탈리아는 … 노인 복지 시스템을 어느 정도 체계적으로 갖추어**온 반면,** … 한국**은** 아직 고령화 사회에 대한 준비**가 여러 모로 미흡하다.**

연구 방법 및 목적

이에 본고에서는 관련 통계 자료를 통해 노인 문제의 현황을 파악하고 참고문헌과 설문 조사 자료를 검토**함으로써** 고령화 문제의 원인과 해결책**을 찾아볼 것이다. 본고의 목적은** 이와 같이 한국 노인 문제의 원인과 정부 차원의 대책**을 고찰함으로써** 고령화 사회에 대한 정책적 준비를 돕**는 데에 있다.**

본문 내용 소개

본론에서는 먼저 1장에서 고령화 사회의 실태와 원인**에 대해서 살펴보고 2장에서** 고령화 사회로 인한 여러 문제점**을 예시할 것이다. 그리고 마지막으로 3장에서는** … 정부가 마련할 수 있는 대책**을 고찰해 보고자 한다.**

표 현

구분	표현
현황 제시	· **지난** 10년 **간** 한국의 고령 인구는 빠르게 증가**하였다.** · **최근** 사회적으로 고령화**에 대한 관심이 증대하고 있다.** · **올해** OECD**에서 발표한 자료에 따르면** 2030년 노인 인구 비율은 일본이 31.8%**로 가장 높고,** 독일, 이탈리아, 한국이 그 뒤를 이을 전망이다. · **특히** 한국 사회의 고령화**는** 급속한 추세로 진행되**고 있다.** · **현재(지금까지)** 대부분의 노인 문제는 가족 단위로 해결하**고 있는 실정이다.** · 통계청에서 발표한 자료**에 따르면** 한국은 이미 고령화 사회에 진입하였**으며,** … · 고령화 시대 고용 정책에 **대한 본격적 논의는** 김경은(2010)**에서 찾아볼 수 있다.**
문제 제기	· 노년 인구의 비율이 많**아지면** … **여러 가지 문제가 생기게 된다.** · **현재** 한국은 대부분의 노인 문제를 가족 단위로 해결하**고 있는 실정이지만 이렇게 해서는** 고령화 사회에 대해 체계적 대책을 세우**기 어렵다.** · 일본 · 독일 · 이탈리아는 … 노인 복지 시스템을 어느 정도 체계적으로 갖추어온 **반면,** … 한국은 아직 고령화 사회에 대한 준비**가 여러 모로 미흡하다.** · **특히** 영세 노인에 대한 복지 예산**이** 선진국**에 비해 크게 부족하다.** · **아울러** 노인 문제를 가족 문제로 치부해 버리는 사회적 분위기**도** 조속한 국가 정책 수립**에 걸림돌이 되고 있다.**
연구 방법 및 목적	· 통계 자료**를 통해** 노인 문제**의 현황을 파악하고** 관련 문헌과 설문 조사 자료를 **검토함으로써** 고령화 문제**의 원인과 해결책을 알아보고자 한다.** · **(이에/이를 위해 /이상과 같은 이유로/이와 같은 문제의식 하에) 본고에서는** 인천 거주 노인 30명**에게 실시한 설문 조사 결과를 바탕으로** 노인 복지**의 구체적 방안을 설명할 것이다.** · **본고의 목적은 이와 같이** 한국 노인 문제의 원인과 정부 차원의 대책을 **고찰함으로써** 고령화 사회에 대한 정책적 준비를 돕는 **데에 있다.**
본문 내용 소개	· **본론에서는 먼저 2장에서** 고령화 사회**의 실태와 원인에 대해서 살펴볼 것이다. 그리고 3장에서** 고령화 사회**로 인한 여러 문제점을 예시할 것이다. 마지막으로 4장에서 이와 같은 문제를 해결하기 위해** 정부가 마련할 수 있**는 대책을 고찰해 보고자 한다.** · **본론에서는 먼저** 고령화 사회**의 원인을 분석하고 이어서** 고령화 사회**의 문제점을 알아볼 것이다.** 그러고 나서 정부 차원에서 마련할 수 있**는 대책을 다각도로(종합적으로) 고찰하도록 하겠다.**

03 서론 쓰기

과제 1

다음 자료를 참고하여 '국내 휴대 전화 신제품 개발에 반영할 사용자 요구 조사'에 대한 보고서의 서론 단락을 써 봅시다.

현황 제시	• 지난 2009년 11월 말 국내 시장에 출시된 스마트폰은 한 달 만에 20여만 대가 팔리면서 단시간 최다 판매 기록을 수립
문제 제기	• 회사 차원에서 차세대 이동통신 시장의 변화와 소비자 요구에 발 빠르게 대처할 필요
연구 방법 및 목적	• 스마트폰과 일반 휴대 전화 사용자를 대상으로 한 그룹 인터뷰에서 요구 조사 실시 • 스마트폰 이용에 대한 의견을 조사하여 국내 휴대 전화 신제품 개발에 사용자의 의견을 반영하기 위함
본문 내용 소개	• 스마트폰이 휴대 전화 등 국내 IT 시장에 미친 영향 • 스마트폰과 일반 휴대 전화 이용자에 대한 그룹 인터뷰 결과 • 휴대 전화 신제품 개발에 반영 가능한 사용자의 의견

지난 2009년 11월 말 국내 시장에 출시된 스마트폰은 한 달 만에 20여만 대가 팔리면서 단시간 최다 판매 기록을 수립하였다. 이 스마트폰의 출시는 이후 국내 IT 산업에 적지 않은 영향을 끼치고 있다.

이 보고서는 스마트폰과 일반 휴대 전화 이용에 대한 사용자 의견을 조사하여 국내 휴대 전화 신제품을 개발할 때 소비자의 의견을 반영하는 데에 그 목적이 있다.

03 서론 쓰기

과제 2

다음 빈칸을 채우고 '여성의 능력과 부부 권력의 관계'에 대한 보고서의 서론 단락을 써 봅시다.

현황

- 지난 반세기 동안 민주주의가 보편화되면서 여성 인권 신장
- ______________________

____

연구 방법

인천 거주 핵가족 부부 50쌍을 대상으로 설문조사

문제 제기

부부 간에 갈등이 존재할 때 서로의 행동에 누가 더 영향을 주는가 하는, 부부 권력 관계에 영향을 미치는 주요 요인은 무엇인가?

본문의 개요

- ______________________
- ______________________

연구 목적

여성의 학력과 수입이 부부 권력 관계에 미치는 영향 파악

전근대적인 사회에서는 남편의 권위와 아내의 순종으로 부부 간 권력 관계가 단일한 양태로 고정되어 있었다. 그러나 ______________________

과제 3

자신이 쓰고자 하는 주제로 보고서의 서론을 써 봅시다.

현황 제시	
문제 제기	
연구 방법 및 목적	
본문 내용 소개	

✔ 서론을 쓸 때 다음과 같은 점을 검토한다.

- 서론을 쓰면서 글의 주제와 목적, 독자를 생각했나? ☐
- 서론을 쓰기 위해 주제와 관련된 자료를 찾고 아이디어를 메모했나? ☐
- 서론의 끝 부분에 본론에서 전개할 내용에 대해 요약을 잘 했나? ☐

04 논리 전개하기

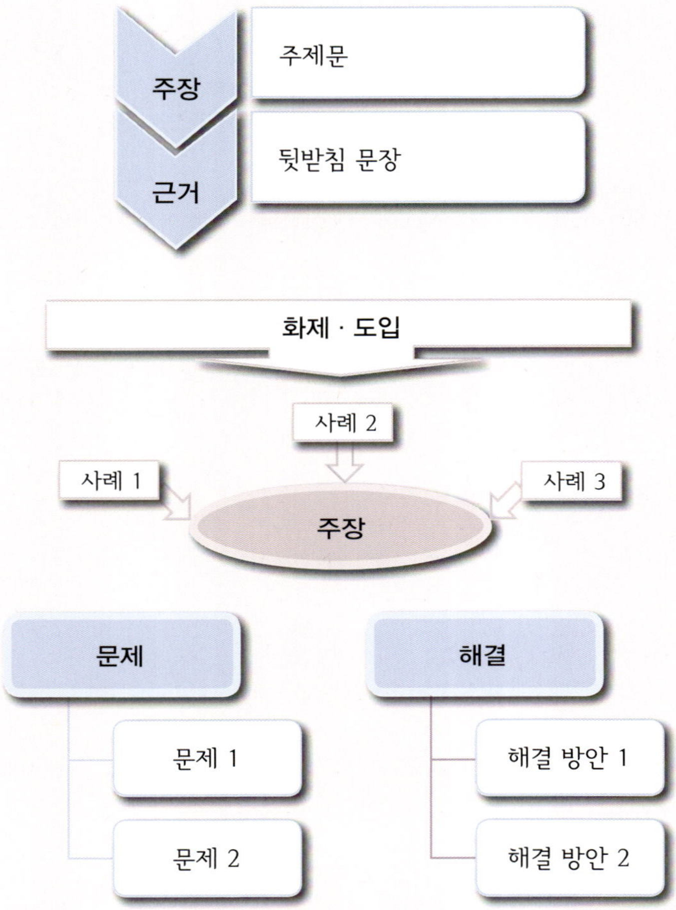

- 논리적인 글에는 무엇을 어떻게 써야 합니까?

- 주제문은 단락의 어느 부분에 쓰는 것이 좋습니까?

주장 - 근거

우주 개발이 우주에 대한 사람들의 꿈과 희망을 이루어 준다고 해도 사업을 진행하는 데 소요되는 비용이 천문학적인 숫자이니만큼 정부나 민간 차원에서 투자를 결정하기가 쉽지는 않다. 하지만 다음과 같은 점에서 정부와 첨단 산업 관계자는 우주 개발에 관심을 가질 필요가 있다.

먼저 우주 개발이 불러올 경제적 파급 효과는 매우 크다. 국제 우주 정거장에서는 현재 무중력 상태를 활용하여 다양한 신소재 및 신약품을 개발하고 있다. 이러한 실험 결과를 바탕으로 한 첨단 산업이 미래 산업을 이끌어 나가게 될 것이다. 또한 기상 위성을 활용하여 농업 · 수산업 · 항공업 등의 피해를 사전에 예방함으로써 벌어들이는 비용이 연간 1조원에 달한다는 분석 결과가 발표되기도 하였다. 그뿐만 아니라 정찰 위성을 통해 수집한 정보는 각국 안보에 중요한 역할을 한다. 이렇듯 우주 개발은 경제적 파급 효과가 크고 국가 안보에도 기여한다는 점에서 국가와 민간 차원의 집중적 지원이 필요한 산업 분야라고 볼 수 있다.

이 글의 중심 생각은 무엇입니까?

주장하는 글을 쓸 때는 자신의 주장과 상반된 견해를 먼저 소개하고 나서, 이를 반박하는 구체적 사례나 이론, 수치 등을 제시하는 것이 효과적이다.

04 논리 전개하기

구 성

주장	정부와 첨단 산업 관계자는 우주 개발에 관심을 가져**야 한다.**
근거	• 우주 개발이 불러올 경제적 파급 **효과는 매우 크다.** – 우주 과학 관련 첨단 산업이 미래 산업을 이끌어 나가**게 될 것이다.** – 기상 위성에서 얻은 정보를 활용하여 다양한 피해를 사전에 예방**할 수 있다.** • 정찰 위성을 통해 수집한 정보는 각국 국가의 안보**에 중요한 역할을 한다.**

표 현

주장	• 소요되는 비용이 천문학적인 숫자**이니만큼** 정부나 민간 차원에서 투자를 결정하**기가 쉽지는 않다. 하지만 다음과 같은 점에서** 첨단 산업 관계자는 우주 개발에 관심을 가질 **필요가 있다.(가져야 한다.)** • 우주 개발**은** 경제적인 파급 **효과가 크고** 국가 안보에**도** 기여한**다는 점에서** 국가 차원의 집중적 지원이 필요한 산업 분야**라고 볼 수 있다.(할 수 있다)** • **어떤 이들은** 현재 국내 경제 수준으로 볼 때 우주 개발은 시기상조**라고 주장하기도 한다. 그러나 다음과 같은 점에서** 우주 개발에 대한 투자는 시급하다. • 우주 개발은 시기상조**라고 이의를(반론을) 제기하는 이도 있을 것이다. 그러나…** • 소요되는 비용이 엄청나**다는 점에서** 우주 개발**에 회의적인 시각도 있다.(부정적인 견해를 가진 사람도 적지 않다.)**
근거	• 우주 개발**에 관심을 가져야 하는 이유는 다음과 같다. 먼저, … 또한 … 그뿐만 아니라 …** • 우주 개발**은 경제적 파급 효과가 크다는 점에서 …** • **이러한** 실험 결과를 **바탕으로** … 미래 산업을 이끌어 나가**게 될 것이다.**

과제 1

다음 자료를 보고 '웰빙 현상의 사회적 의미'에 대한 글을 써 봅시다.

주장	최근 유행하는 웰빙 현상은 사회 구성원을 정신과 육체적인 면에서 모두 건강하게 만드는, 긍정적인 사회 현상으로 볼 수 있다.

근거	• 웰빙의 정의: well과 being의 합성어, 풍요와 건강, 행복을 뜻함 • 요가나 명상을 하면 마음이 편안해지므로 복잡한 사회생활을 하는 중에도 정신적인 여유를 얻을 수 있음 • 채소를 즐겨 먹음으로써 신체적으로 고혈압과 같은 성인병을 예방

웰빙의 유행은 긍정적인 사회 현상으로 볼 수 있다. 웰빙은 사전적으로 well과 being의 합성어로, 풍요와 건강, 행복을 뜻한다. 웰빙의 유행을 긍정적인 사회 현상으로 보는 이유는 다음과 같다. ______________________________

____

____

____

____

____

____

이렇듯 웰빙이 유행하면서 현대인들이 정신적으로 풍요롭고 육체적으로 건강한 삶을 추구한다는 점에서 웰빙은 긍정적인 사회 현상이라고 볼 수 있다.

과제 2

다음 자료의 빈 칸을 채우고 '한국 커피 체인점의 문화적 성격'에 대한 보고서의 한 단락을 써 봅시다.

주장

현대 한국의 커피 체인점은 단순히 상업 시설이 아니라 일반인을 위한 일상의 여가 시설로 자리를 잡았다

근거

여가 시설로서 커피 체인점은 다음과 같은 장점이 있다.

- 제3의 비공식적인 장소로 기능을 한다.
- ______________________
- ______________________

현대인은 커피 체인점에서 향기로운 공간과 여유로운 시간과 그 브랜드의 고급스러운 문화적 이미지를 구매한다.

현대 한국의 커피 체인점은 단순한 상업 시설이 아니라 일반인을 위한 일상의 여가 시설로 자리를 잡았다. 미국의 사회학자 레이 올든버그(Ray Oldenberg)는 『The Great Place』(1989)에서 집을 제1의 장소, 직장을 제2의 장소, 현대인이 집이나 직장에 대한 생각을 잊고 쉴 수 있는 비공식적인 장소를 '제3의 장소'라 명명하였다. 현대인에게는 집이나 직장에 대한 생각을 잊고 쉴 수 있는 제3의 비공식적인 장소가 필요하다는 것이다. 이러한 현대인의 요구를 충족시킬 수 있는 곳이 바로 커피 체인점이다.

____

____

____

____

예시 - 주장

세종대왕은 한국인에게 가장 유명한 위인 중의 한 명이다. 한국에서 '세종'이라는 이름이 얼마나 다양하게 쓰이는지를 보면 이러한 사실을 잘 알 수 있다. 먼저 서울특별시 종로구에 있는 '세종문화회관' 앞 도로 이름이 바로 '세종로'이다. 또한 남극의 대한민국 연구소 이름이 '세종기지'인가 하면, 대한민국 해군의 '세종대왕'급 구축함의 1호 배 이름도 'DDG-991 세종대왕'이다. 그뿐만 아니라 2015년까지 정부 부처가 이주할 충청권의 행정중심복합도시 이름도 '세종시'이다. 이상의 사례에서 알 수 있듯이 서민의 생활을 개선하기 위해 한글을 만들었던 조선 시대의 세종대왕은 현대의 한국인에게도 꾸준한 사랑을 받고 있다.

이 글의 중심 생각은 무엇입니까?

구 성

화제	세종대왕은 한국인에게 가장 유명한 위인 중의 한 명이다.
예시	한국에서 '세종'이라는 이름이 얼마나 다양하게 쓰이는지를 **보면 이러한 사실을 잘 알 수 있다. 먼저** 서울특별시 종로구에 있는 '세종문화회관' 앞 도로 이름이 바로 '세종로'이다. **또한** 남극의 대한민국 연구소 이름이 '세종기지'**인가 하면,** 대한민국 해군의 '세종대왕'급 구축함의 1호 배 이름**도** 'DDG-991 세종대왕'**이다. 그뿐만 아니라** 2015년까지 정부 부처가 이주할 충청권의 행정중심복합도시 이름도 '세종시'**이다.**
주장	**이상의 사례에서 알 수 있듯이** 세종대왕은 현대의 한국인에게도 꾸준한 사랑을 받고 있다.

다양한 예시를 통해 주장의 근거를 밝히는 근거이론(ground theory)은 다양한 사례로부터 가설을 세우고 정당화의 근거를 찾는 귀납적 추론 방법으로, 사회과학 분야에서 주로 쓰인다.

04 논리 전개하기

표 현

예시	• '세종'이라는 이름이 얼마나 다양하게 쓰이는지**를 보면 이러한 사실을 잘 알 수 있다.** '세종'이라는 이름이 생활 속에 다양하게 쓰이는 **사례는 다음과 같다.** • **먼저** '세종문화회관' 앞 도로 이름이 바로 '세종로'이다. **그뿐만 아니라** 새로운 도시 이름도 '세종시'이다. • **또한 (이뿐만 아니라)** 남극의 연구소 이름이 '세종기지'**인가 하면,** 해군의 세종대왕급 구축함의 1호 배 이름**도** 'DDG-991 세종대왕'이다. • **이러한 사례는** 다음과 같은 도로명**에서 확인할 수 있다.** • **이러한 사례는** 도처**에서 확인할 수 있다.** • **그러한 예로는** 도로명을 **들 수 있다.** • **예를들면,** 세종문화회관, 세종로, 세종기지 **등이 있다.** • 위인에 대해 존경심을 표하**는 것의 일례로** 도로명에 이름을 붙이**는 것을 들 수 있다.** • **또 다른 예로(이외에도)** '세종시'**가 있다.** • 세종대왕에 대한 일반인의 존경심**을 보여주는 예는 다음과 같다.**

주장	• **이상의 사례에서(사례를 통해서/사례로부터) 알 수 있듯이(앞에서 살펴본 바와 같이)** 세종대왕은 한국인의 꾸준한 사랑을 받고 있다. • '세종'이라는 이름이 일상생활 속에 널리 쓰인**다는 점에서** 세종대왕은 오늘날에도 꾸준한 사랑을 받고 **있다고 볼 수 있다.** • **따라서** 세종대왕은 한국인에게 가장 유명한 위인**이라고 결론을 내릴 수 있다.**

과제 1

다음 자료를 보고 '적절한 시기의 언어 교육이 성공적 사회화에 미치는 영향'에 대한 보고서의 한 단락을 써 봅시다.

화제	인간의 사회화는 유아기로부터 시작하여 청소년기에 이르기까지 완성된다. 그 시기를 놓치면 아무런 교육도 소용이 없다.

예시	• 1800년 프랑스 남부의 생세랭 숲에서 발견된 12세 가량의 소년 사례 – 이후 30여 년 간 집중 교육을 받았으나 초보적인 단어 외에는 습득하지 못함 • 1920년 경 인도에서 발견된 늑대 소녀의 사례 – 9년 동안 살다가 죽었는데 그동안 겨우 45개의 단어를 사용함

주장	유아기의 특정 시기에 이루어지는 언어 교육이 인간의 성공적 사회화를 좌우하는 요건이다.

인간의 사회화는 유아기로부터 시작하여 청소년기에 이르기까지 완성된다. 그 시기를 놓치면 아무런 교육도 소용이 없다. ______________________________

____

____

____

____

____

____

이러한 사례로부터 우리는 유아기의 특정 시기에 이루어지는 언어 교육이 인간의 성공적 사회화를 좌우하는 요건임을 알 수 있다.

04 논리 전개하기

과제 2

다음 자료의 빈 칸을 채우고 '환경영향평가 실시의 필요성'에 대한 보고서의 한 단락을 써 봅시다.

화제 최근 무분별한 개발로 인한 환경 파괴가 심각하다

예시 1
1971년 이집트는 나일강에 아스완 하이 댐을 지어 문화재와 생태계를 훼손

예시 2
미국은 환경에 미칠 영향을 미리 조사하지 않고 댐을 만들었다가 수질오염과 생태계 파괴를 초래, 1912년부터 총 467개의 댐을 철거하느라 예산을 낭비

예시 3
____
____

주장
환경 정책 담당자는 국토 개발에 앞서 개발이 환경에 미치는 영향을 조사하고 환경영향평가에서 나온 결론과 대책을 정책 수입에 반영해야 한다.

최근 무분별한 개발로 인한 환경 파괴 문제가 심각하다.____________________

문제 - 해결

휴대전화 사용이 보편화되면서 길거리나 대중교통수단, 가게나 식당과 같은 공공장소에서 휴대전화를 사용하는 사람들이 늘고 있다. 하지만 아직 '모바일 에티켓'이 제대로 정착되지 않아 다수가 피해를 입고 있다.

휴대전화 사용 시 다른 사람의 시선을 피한다든지 사람들이 없는 반대 방향으로 상체를 돌리는 사람이 있다. 이는 공공장소에서 휴대전화를 사용하는 것이 예의에 어긋난다는 것을 알고 있다는 태도이다. 공공장소에서 휴대전화를 사용하면 주변 사람의 심리적 안정이나 정신적 집중을 방해하게 된다. 그리고 주변 사람은 본의 아니게 타인의 대화를 엿듣게 되기도 한다.

휴대전화의 대중적 사용이 다수에게 미치는 이러한 부정적 영향을 차단하려면 무엇보다도 개인의 지각 있는 행동이 필요하다. 그리고 회사를 포함해 사회 차원에서도 다각적인 대책을 모색해야 한다. 미국의 휴대전화 회사들은 공공장소에서 책임감 있는 휴대전화 사용을 장려하기 위한 '모바일 에티켓' 지침서를 펴내고 있다. 그리고 영국의 철도 회사들은 '정숙 객실'을 지정해 객실의 양끝에서만 휴대전화를 받거나 걸 수 있도록 하고 있다. 이 '정숙 객실'의 아이디어는 노르웨이와 일본의 철도회사에서도 활용하고 있다.

이 글의 중심 생각은 무엇입니까?

- 문제를 제시할 때는 객관적인 사실이나 통계 자료, 인정받은 학설 등의 증거와 데이터를 실증 자료로 사용한다.
- 제기한 문제의 내용과 개수에 맞게 해결 방안을 제시해야 한다.

04 논리 전개하기

구 성

문제

- 공공장소에서 휴대전화를 사용하**면** 주변 사람의 심리적 안정이나 정신적 집중을 방해하**게 된다.** 그리고 주변 사람은 본의 아니게 타인의 대화를 엿듣**게 되기도 한다.**

해결

휴대전화의 대중적 사용이 다수에게 미치는 **이러한 부정적 영향을 차단하려면 무엇보다도** 개인의 지각 있는 행동**이 필요하다.** 그리고 회사를 포함해 사회 **차원에서도 다각적인 대책을 모색해야 한다.** 미국의 휴대전화 회사들은 공공장소에서 책임감 있는 휴대전화 사용을 장려하기 위한 '모바일 에티켓' 지침서를 펴내**고 있다.**

표 현

문제	• **아직** '모바일 에티켓'이 제대로 정착되**지 않아 다수가 피해를 입고 있다.** • 공공장소에서 휴대전화를 사용**하면** 주변 사람의 심리적 안정이나 정신적 집중을 방해하**게 된다. 그리고** 주변 사람은 본의 아니게 타인의 대화를 엿듣**게 된다(는 문제가 생긴다).** • **이러한 이유 때문에** 대책을 모색**해야 한다.** • **이 문제의 원인은** 정부의 관리 소홀**에 있다고 할 수 있다.** • **그 문제의 핵심은** 모바일 에티켓 부재**에 있다.**
해결	• **이러한 부정적 영향을 차단하려면 무엇보다도** 개인의 지각 있는 행동**이 필요하다.** • '모바일 에티켓'이 정착되**도록** 회사를 포함해 사회 차원**에서도 다각적인 대책을 모색해야 한다.** • **이제라도** 정부가 대책을 마련**한다면** '모바일 에티켓'을 정착**할 수 있을 것이다.** • **먼저** 개인**적인 차원에서** 지각 있는 행동을 하**도록 노력해야 한다.** • **이러한 문제를 해결하기 위해서는 다음과 같은 방안을 생각해 볼 수 있다.** • **이 시점에서 가장 필요한 것은** 개인**과** 사회**의 공조이다.** • '모바일 에티켓'의 정착**이야말로** 휴대전화 사용의 부정적 영향을 줄이는, **가장 확실한 방안일 것이다.** • '모바일 에티켓'을 정착시키**려면** 정부 **차원의 체계적 대책 마련이 시급하다.**

과제 1

다음 자료를 보고 '다문화 가정의 문제와 해결 방안'에 대한 보고서의 한 단락을 써 봅시다.

문제	• 1990년대부터 국제결혼중개업소를 통한 국제결혼이 늘어나면서 다문화 가정에서는 여러 가지 문제가 발생하고 있다. ❶ 남편과 시댁 식구들로부터 당하는 가정 폭력 등 인권 문제 ❷ 혼혈 아동의 학습 능력 부진과 심리적 소외감

해결	❶ 정부 차원에서 다문화 가족 및 결혼 이주 여성에 대한 상담기관 상설 운영 ❷ 학교 차원에서 다문화가정의 자녀를 위한 '방과 후 학교' 프로그램 개설

1990년대부터 국제결혼중개업소를 통한 국제결혼이 늘어나면서 다문화 가정에서는 여러 가지 문제가 발생하고 있다. 다문화 가정이란 한국 사회에 거주하고 있는 외국인 노동자, 국제결혼 이주자 등이 이룬 가족을 말한다. ____

____

____

____

현재 심각한 사회 문제로 부상하고 있는 다문화 가정의 문제를 해결하기 위해서는 다음과 같은 방안을 생각해 볼 수 있다. 먼저 정부는 ____

____

____

____

그리고 다문화 가정의 자녀를 위해서는 학교 차원에서 ____

____

____

____

____

04 논리 전개하기

과제 2

다음 빈 칸을 채우고 '지구 온난화(Global Warming)의 문제점과 해결 방안'에 대한 보고서의 한 단락을 써 봅시다.

문제 화석 연료의 사용으로 온실효과를 일으키는 주범인 이상화탄소(CO_2) 배출량이 크게 늘면서 여러 가지 문제가 발생

- 온실 효과로 인한 해빙과 해수면 상승으로 국토 면적 축소
- 집중호우성 강우의 증가로 인한 홍수
- 적도 부근 가뭄으로 인한 사막화

해결
세계적, 국가적, 개인적 차원에서 대책이 필요함

- 세계적 차원 – 스톡홀름협약 체결
- 국가적 차원 – 친환경 에너지 개발
- 개인적 차원 – ______________

화석 연료의 사용으로 온실 효과를 일으키는 주범인 이산화탄소(CO_2) 배출량이 크게 늘면서 지구가 급격하게 뜨거워지고 있다. 지구 온난화(Global Warming)란 말 그대로 ______________________________

____

____

이러한 문제를 해결하기 위해 세계 151개국 정상은 2004년 5월, 유해 물질의 사용, 생산 및 배출을 자제하기 위한 스톡홀름협약(Stockholm Convention on Persistent Organic Pollutants)을 체결하였다. ______

____

현재 각국 정부는 ______________________________

____

개인 차원에서도 ______________________________

____

※ 스톡홀름협약(Stockholm Convention on Persistent Organic Pollutants)
- 세계 151개국 정상은 2004년 5월, 유해 물질의 사용, 생산 및 배출 자제에 동의하였음. 2010년 제4차 회의에서 9가지 유해 물질을 추가함.

과제 3

자신의 보고서를 작성하는 데 필요한 논리 전개 방법을 사용하여 글을 써 봅시다.

주장	•
근거	• • •
화제	
예시	• • •
주장	•
문제	• •
해결	• •

✔ 논리를 전개하는 글을 쓸 때 다음과 같은 점을 검토한다

- 주장하는 내용에 따라 적절한 논리 전개 방법을 선택할 수 있나? ☐
- 자신의 주장을 설득하기 위해 필요한 자료를 찾고 아이디어를 메모해 두었나? ☐
- 서론에서 제기한 문제를 본론에서 일관성 있게 다루었나? ☐

05 비교하기

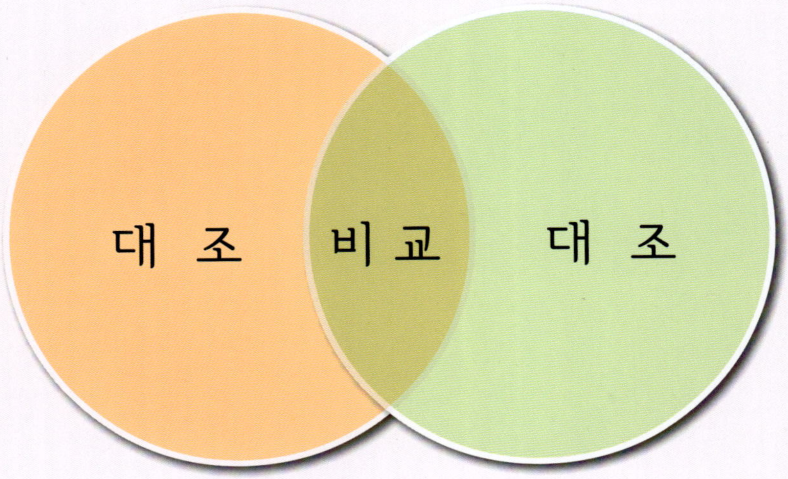

- 비교와 대조의 차이점은 무엇입니까?

- 비교나 대조를 할 수 있는 대상을 찾아봅시다.

컴퓨터와 인터넷의 보급이 빠르게 확산되면서 사이버 공간에서 누군가를 만나는 횟수가 실제로 얼굴을 대면하면서 만나는 횟수와 비슷해져 가고 있다. 현실 세계에서의 만남이 직접적인 대면을 통한 관계라면 사이버 공간에서의 인간관계는 인터넷 게임이나 트위터 등을 통해 가상적인 존재와 교류하는 관계를 말한다. 사이버 공간에서의 교류 역시 상대방과 의사소통을 하고 정보를 교류한다는 점에서는 현실 세계의 전화나 편지를 통한 의사교환 형태와 유사하다고 할 수 있다. 그러나 현실 세계에서 교류를 할 때는 자신을 끊임없이 타인에게 맞추어 가야 하는 반면, 사이버 공간에서의 개인은 타인에게 맞추기 위해 자신을 포기하거나 애쓸 필요가 없다. 본고에서는 이러한 특징을 가지는 사이버 공간에서의 교류가 현실 세계에서의 인간관계와 어떻게 차이가 나며 현실 세계에서 인간관계를 형성하는 데 어떤 영향을 미치는가를 살펴보고자 한다.

위 글에서 무엇과 무엇을 비교, 대조하고 있습니까?

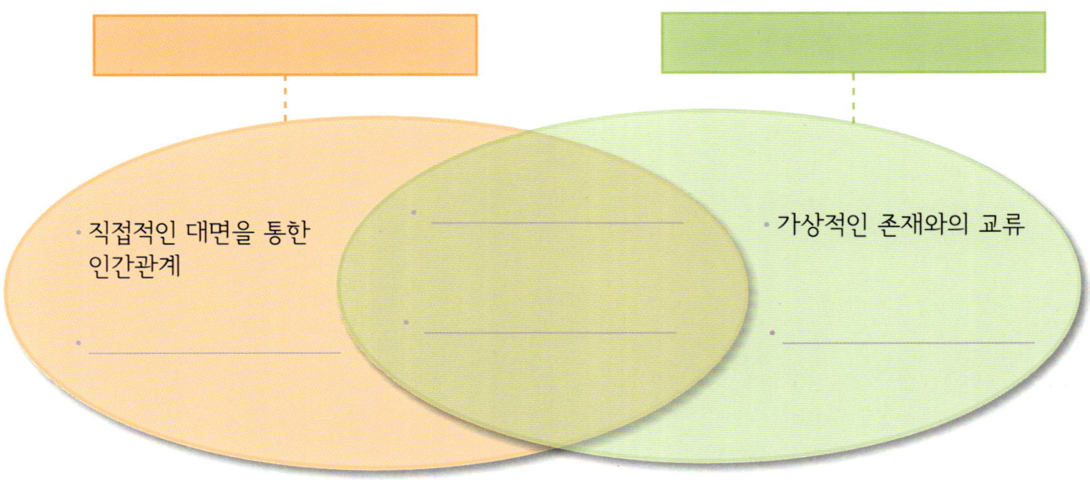

05 비교하기

표 현

비교	• 현실 세계의 인간관계는 서로 의사소통을 통해 정보를 교류한다. **이와 마찬가지로** 사이버 공간에서도 의사소통을 통해 정보를 교류한다. • 사이버 공간에서의 인간관계와 현실 세계에서의 인간관계는 상대방과 의사소통을 통해 정보를 교류한다는 점**에서 동일하다.** • 현실 세계에서 의사소통을 통해 정보를 교류하**듯이** 사이버 공간**에서도 마찬가지이다.** • 사이버 공간과 현실 세계에서의 인간관계는 모두 의사소통을 통해 정보를 교류한다는 **점에서 유사하다/서로 공통점이 있다/ 거의 차이가 없다.**
대조	• 사이버 공간에서와 현실 세계에서의 인간관계**에는 상당한 차이가 있다.** • 사이버 공간에서는 시간과 공간의 제약을 받지 않**는 반면** 현실 세계에서는 상당한 제약을 받을 수밖에 없다. • 사이버 공간에서는 익명성이 보장되는 것**에 반해/에 비해** 현실 세계에서는 자신이 그대로 드러난다. • 현실 세계에서 다루어지는 주제가 집단의 공통 화제인 것**과는 달리** 사이버 공간에서는 개인의 관심사를 중심으로 대화할 수 있다. • 사이버 공간에서는 인간관계 형성이 매우 자유롭**다는 점에서** 현실 세계에서의 인간관계**와 구별된다.** • 현실 세계의 인간관계에서 상대방에 대한 예의를 매우 중요시하는 것과**는 대조적으로** 사이버 공간에서는 공격적인 발언들이 오고 갈 때도 많다. • 사이버 공간에서의 인간관계**가** 자기 중심적 인간관계**라면** 현실 세계에서의 인간관계는 타자 중심적 인간관계라고 할 수 있다.

• 비교는 둘 이상의 대상들 간에 존재하는 유사점을 지적하고 분석하는 것이며, 대조는 차이점을 드러내어 양자의 본질을 드러내는 것이다.

• 비교와 대조를 할 때 그 대상들은 반드시 같은 범주에 속해야 한다.

예) 소설과 시, 한국어와 중국어, 영상과 배경 음악 (O)
소설과 문학, 한국어와 언어, 배경 음악과 영화 (X)

과제 1

다음 그림을 보고 비교와 대조의 방법을 사용하여 단락을 써 봅시다.

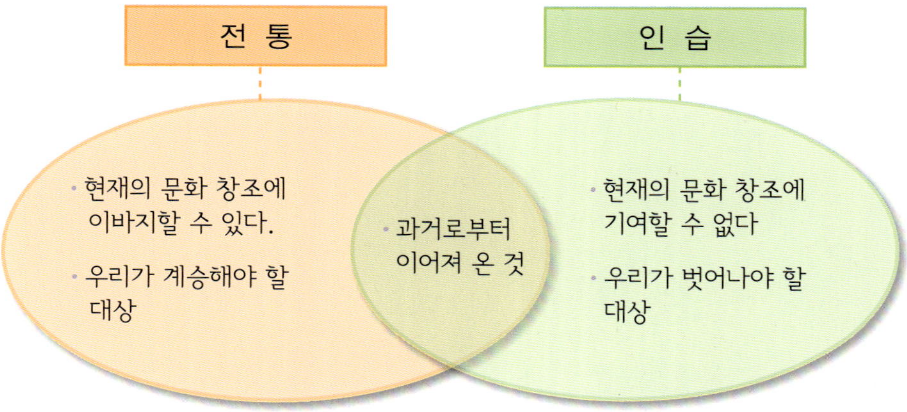

전통과 인습은 ______________________________

(이)라는 점에서 서로 공통점이 있다. 그러나 전통은 ______________________________

____

는 반면 인습은 ______________________________

____

따라서 전통이 ______________________________

이라면 인습은 ______________________________

05 비교하기

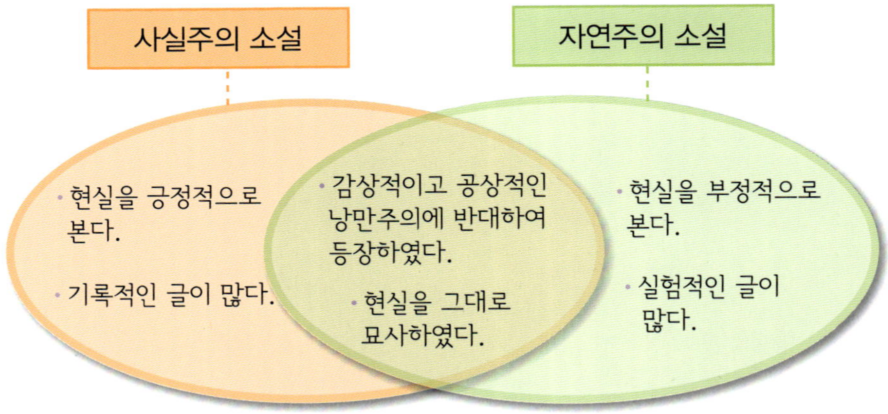
사실주의 소설
자연주의 소설
· 현실을 긍정적으로 본다.
· 기록적인 글이 많다.
· 감상적이고 공상적인 낭만주의에 반대하여 등장하였다.
· 현실을 그대로 묘사하였다.
· 현실을 부정적으로 본다.
· 실험적인 글이 많다.

과제 2

아래에 있는 한국 된장과 일본 된장(미소)을 비교한 표를 참고하여 비교, 대조하는 단락을 써 봅시다.

	한국 된장	일본 된장(미소)
만드는 법	발효	발효
발효균	세균, 곰팡이, 효모	곰팡이
재료	콩 100%	콩, 보리, 쌀, 밀가루
효과	항암 효과	항암 효과
특징	여러 가지 균을 자연적으로 발효시키므로 효능은 더 뛰어나지만 균일한 제품을 만들기 어렵다.	단일 균이기 때문에 효능은 조금 떨어지지만 언제든지 균일한 제품을 만들 수 있다.
맛	구수하고 짠맛이 강하며 오래 끓일수록 더 맛있다.	담백하면서도 단 맛이 많이 나며 다른 재료가 다 익은 후 살짝 끓여야 더 맛있다.

05 비교하기

과제 3

자신의 보고서 내용 중 비교나 대조의 방법을 쓸 수 있는 단락을 작성해 봅시다.

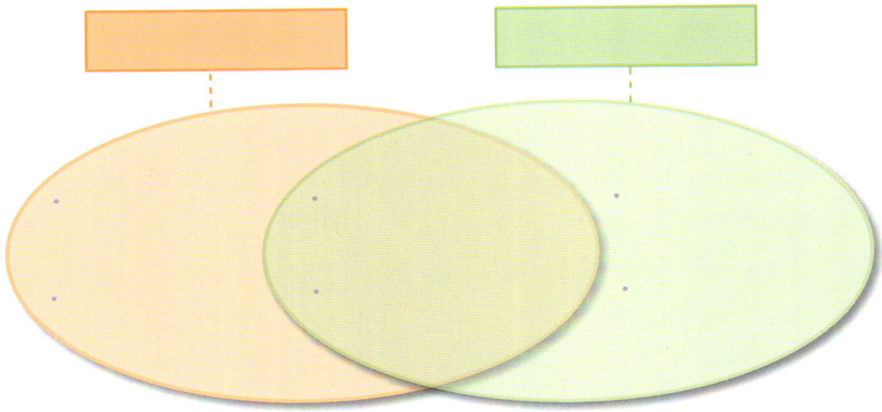

- 비교하거나 대조한 내용을 간단하게 표나 그림으로 정리해 보여 줄 수 있다.
  이 때 표나 그림 제목에는 반드시 번호를 붙인다.
  예) <표 1> 녹색 산업의 경제적 파급효과, <그림 2> 정보 기술 성과 평가 모델

✔ 비교나 대조의 방법을 이용한 단락을 쓰고 나서 다음과 같은 점을 검토한다.
- 비교나 대조의 대상이 적절하게 선택됐나? ☐
- 두 대상의 유사점과 차이점이 분명하게 드러났나? ☐

06 인용하기

직접 인용
- 긴 인용
- 짧은 인용

간접 인용
- 요약하기
- 바꿔 쓰기

- 보고서에서는 주로 어떤 사람의 말과 글을 인용합니까?

- 보고서에서 다른 사람의 말이나 글을 인용하는 이유는 무엇입니까?

언어를 배우는 학습자가 언어를 유창하게 구사하기 위해서는 단지 언어적인 요소를 잘 숙지하는 것뿐만 아니라 언어와 관련된 정보를 종합하여 해석하는 과정이 필요하다. 이와 같은 점에서 학업 기술의 습득은 학습자에게 매우 필요한 부분이다. 리차드와 플라트(Richard, Platt & Platt, 1992)는 학업 기술에 대해 다음과 같이 정의하였다.

> 학업 기술이란 학습자가 학문 목적으로 읽기와 쓰기, 듣기를 할 때 사용하는 능력(abilities), 기법(techniques) 그리고 전략(strategies)을 의미한다. 예를 들어 영어로 된 텍스트를 공부하는 대학생을 생각해 보자. 그들이 텍스트를 읽을 때 텍스트가 무엇인가에 따라 달라지는 읽기 속도, 사전 사용하기, 텍스트로부터 단어의 뜻 유추하기, 그래프와 도표 해석하기, 노트 필기하기와 요약하기 등이 학업 기술에 포함된다.

이러한 학업 기술 중에서 요약하기를 살펴보면, 요약하기는 주어진 원문 텍스트를 짧게 줄이는 것으로 텍스트에 대한 개관이라고 할 수 있다. 요약하기가 이루어질 때는 원문 텍스트의 중심이 되는 부분만 남고 예나 부연 설명 같은 부분들은 생략된다. 존슨(Johnson, 1983:37)은 "요약은 담화 안에 있는 정보를 응축해 나타내고 핵심을 반영하는 간결한 진술문"이라고 요약하기를 정의하였다. 홀(Whol, 1978:121)도 요약하기는 원문보다 훨씬 적은 어휘를 통해 정보를 전달하는 것이라고 정의하고, 요약을 잘하기 위해서는 핵심 사항을 잘 포착할 수 있는 능력이 필요하다고 주장하였다.

위의 글을 읽고 다른 사람의 말을 인용한 부분을 찾아봅시다.

인용된 부분의 인용 방식이 어떻게 다른지 살펴봅시다.

- 직접 인용을 할 때는 인용 내용 아래 위로 줄을 비우고 좌우여백도 들여쓰기를 해서 본문과 구분한다. 인용할 내용이 많은 경우에는 글씨 크기를 줄이기도 한다.
- 외국 인명을 인용할 때는 한글로 표기하고(　　) 안에 원어를 밝혀 적는다.
- 괄호에는 해당 저서의 출간 연도와 인용한 페이지 수를 밝혀 적는다.

06 인용하기

구 성

인용의 방식에는 무엇이 있는지 알아봅시다.

		인용 예시	출처 및 원문
직접 인용	긴 인용	윤동주는 어두운 식민지 시대의 저항시인으로 알려져 있으나, 본고에서는 그의 시의 저변에 흐르고 있는 순수 지향성과 부끄러움의 미학을 **다음의 '서시'를 통해 살펴보고자 한다.** 죽는 날까지 하늘을 우러러 한 점 부끄럼이 없기를 잎새에 이는 바람에도 나는 괴로와 했다. 별을 노래하는 마음으로 모든 죽어가는 것을 사랑해야지 그리고 나한테 주어진 길을 걸어가야 겠다. 오늘 밤에도 별이 바람에 스치운다. –「서시」 전문.	윤동주(1948), 「서시」, 『하늘과 바람과 별과 시』, 정음사, 3쪽. 죽는 날까지 하늘을 우러러 한 점 부끄럼이 없기를 잎새에 이는 바람에도 나는 괴로와 했다. 별을 노래하는 마음으로 모든 죽어가는 것을 사랑해야지 그리고 나한테 주어진 길을 걸어가야 겠다. 오늘 밤에도 별이 바람에 스치운다.
	짧은 인용	**한국의 고등학교 교과서 『독서』(2004: 12) 에서는 독서에 대해** "독자의 지식과 경험, 다양한 보조 수단의 도움을 얻어 정보를 이해하고 새로운 의미의 체계를 재구성하는 일련의 정신적 활동"**이라고 정의하고 있다.**	오세영 외(2004), 『독서』, (주)미래엔 컬처그룹, 12쪽. 독서는 독자의 지식과 경험, 다양한 보조 수단의 도움을 얻어 정보를 이해하고 새로운 의미의 체계를 재구성하는 일련의 정신적 활동이라 정의할 수 있다.

- 직접 인용은 원문을 그대로 인용하는 것이 필요한 경우 주로 사용된다.
- 한 줄 띄어쓰기(네 줄 이상)나 "　"(세 줄 이하)를 사용해 본문과 구분한다.
  예) 수학이나 과학 공식, 개념어에 대한 정의, 문학 작품의 전문이나 부분 등

<table>
<tr><td rowspan="2">간접인용</td><td>요약하기</td><td>박성래(2004: 157~162)는 '정보화 혁명'에 대응할 청년의 개인적 자세를 논하면서 미래의 청년은 컴퓨터를 잘 익혀야 할 뿐만 아니라 세계 각국어로 된 정보를 잘 활용하기 위해서 영어 실력을 쌓고, 나아가 일본어와 중국어 정보를 해독하기 위해 한문 실력을 쌓을 필요가 있다고 주장한다.</td><td rowspan="2">박성래(2004), 「정보화 사회에서의 청년의 역할과 자세」, 『독서』, (주)미래엔 컬처그룹, 157~162쪽

'정보화 혁명'에 대응할 청년 여러분의 개인적 자세란 무엇인가? … 이미 우리는 컴퓨터에 대한 기본적 교육이 필요하다는 것쯤은 다 알고 있다. 그러나 우리가 주의해야 할 일은 앞으로 아무리 컴퓨터의 소프트웨어가 발달해도 적어도 여러분의 일생에는 그것이 순 한글로 바뀌지는 않을 것이라는 사실이다. 그러면 영어의 사용이 불가피하다는 말이다. 그러면 영어를 어느 정도 사용할 수 있는 것으로 그만인가 하면, 그렇지도 않을 것 같다.
앞으로는 세계 각국어로 된 정보를 항상 활용하여야 할 것이다. 영어로 쓰인 정보 이외에도 일본어와 중국어 정보까지 필요로 하게 될지 모른다. 여기에서 한자 문제가 대두된다. 일본과 중국의 정보를 대강이나마 해독하기 위해서라도 지금의 한국 청년들은 한문 실력을 쌓을 필요가 있다고 필자는 생각한다.</td></tr>
<tr><td>바꿔쓰기</td><td>한문 교육은 정보화 혁명에 대응하는 면에서도 필요하다. 박성래(2004: 157~162)에 의하면 정보화 혁명에 대응하기 위해서는 영어로 된 정보 이외에 비영어권의 정보도 알아야 하며 일본이나 중국 등 주변국의 정보를 알기 위해서 한문 교육의 필요성을 부각할 필요가 있다고 한다.</td></tr>
</table>

- 간접 인용을 할 때는 요약 내용의 처음과 끝을 분명히 밝혀야 한다.
- 요약하기(summarize) 인용 방법은 다른 사람의 글이나 말의 중심 내용을 간략하게 옮기는 것을 말한다.
- 바꿔 쓰기(paraphrase) 인용 방법은 다른 사람의 아이디어를 자신이 말하고자 하는 내용에 맞게 표현을 바꿔서 쓰는 것을 말한다. 이 때 바꿔 쓴 내용이 인용자의 주관에 따라 왜곡되지 않아야 하고 바꿔 쓴 표현이 원문과 지나치게 유사해서도 안 된다.

06 인용하기

표 현

인명(연도)	박성래(2004 : 157)**에서는/는** 한문 교육이 필요하**다고 한다./하였다.** 한문 교육이 필요하**다고 주장한다./주장하였다.** 한문 교육이 필요한 것**으로 보고 있다.** 한문 교육이 필요한 것으로 **설명하고 있다.** 한문 교육을 필수 교육으로 **간주하고 있다.** 한문 교육의 필요성**에 대해 제시/논의/언급하고 있다.** 박성래(2004 : 157)**에 의하면** 한문 교육의 필요성을 부각해야 **한다.** 박성래(2004 : 157)**의 견해를 정리하면 다음과 같다.**
학문 명 이론 명	형식주의 이론**에 따르면** 문장은 일련의 논리 규칙에 의해서 생성된**다.** 형식주의**에서는** 문장은 일련의 논리 규칙에 의해서 생성된**다고 본다/한다.** 문장은 일련의 논리 규칙에 의해서 생성된**다고 주장한다.** 문장은 일련의 논리 규칙에 의해서 생성되는 것**으로 본다.** 형식주의의 개념**에 관한 정의는/내용은** 박성래(2011)**에서 참조**(각주에서 사용)
『서명』 (연도)	『독서』(2004 : 12)**에서는** 독서는 정보를 이해하고 의미를 재구성하는 정신적인 활동**이라고 한다/이라고 정의하고 있다.**
조사/신문기사	최근의 조사/10월 5일자 신문 기사**에 의하면** 방송 언어에 외래어가 40% 이상 포함되어 있**다고 한다.** 최근의 조사/10월 5일자 신문 기사**에 의하면** 방송 언어에 외래어가 40%이상 포함되어 있는 것**으로 나타났다/조사되었다.**

- 내용을 전개하면서 꼭 필요한 경우에만 인용을 한다.
- 다른 연구자의 논의를 존중하는 태도를 가지고 인용을 해야 한다.
- 인용의 모든 출처는 정확하게 밝혀야 한다.
- 공식적으로 검증되었거나 권위를 인정받고 있는 자료를 인용해야 한다.

과제 1

1. 다음 자료를 보고 짧은 인용 방식과 요약하기 방식을 사용하여 '문화 간 고정관념'을 설명하는 글을 써 봅시다.

〈참고문헌 1〉 유수연(2004), 「문화 간 의사소통 충돌의 원인」, 『국제지역연구』, 한국외국어대학교 국제지역연구센터, 32쪽.

문화 간 의사소통이란 서로 다른 문화를 가진 사람들이 만났을 때 이루어지는 의사소통 상황을 말한다.

〈참고문헌 2〉 유수연 · 김순임(2005), 「문화 간 의사소통 연구 동향과 나아갈 길」, 『독일어문학』, 45쪽.

서로 다른 문화적 배경을 가진 두 사람이 만나 일정한 커뮤니케이션 목표를 달성하기 위해 의사소통을 하는 일은 더욱 복잡하고 어려운 일이다. 서로 다른 문화적 배경을 지닌 참여자들은 서로 다른 문화적 코드로 인해 서로 다른 커뮤니케이션관을 갖고 있기 때문이다. 즉, 즉각적으로 사라지는 외국어에 집중해야 하고, 상대방의 반응을 상대방의 의도대로 올바르게 해석해야 하며 그에 알맞은, 그리고 상대가 기대하는 사회적 반응을 보여야 한다. 이 때 목소리, 표정, 동작, 공간 등도 고려해야 하는데 이 모든 것이 문화의 영향을 받기 때문이다.

〈참고문헌 3〉 Brown, H.D.(2001), 『외국어 학습 · 교수의 원리』, 이흥수 외 역, Pearson Education Korea, pp.324~325.

고정관념은 한 문화의 '전형적인' 구성원을 묘사하는 데에는 정확할 수도 있으나 한 특정인을 기술하기에는 정확하지 않다. 이는 모든 사람들이 유일한 존재이기 때문이며, 또한 한 사람의 모든 행동적 특성을, 지나치게 일반화한 규범의 연속선상의 중간점에 기초하여 정확하게 묘사할 수는 없기 때문이다. 그 문화의 전반적인 특성을 토대로 한 개인을 판단하는 것은 그 사람에 대해 섣불리 그리고 잘못 판단하는 것이다. 이보다 더 나쁜 것은 고정관념은 다른 문화권에서 온 사람들을 잠재적으로 평가 절하하게 만든다는 것이다.

06 인용하기

____________은/는 문화 간 의사소통에 대해 "______________________________

__________________________________"라고 정의했다. 문화 간 의사소통에 대해서는 연구가 활발하게 이루어지고 있는 상황인데 중심이 되는 논의들을 살펴보면 다음과 같다. 유수연 · 김순임(2005:45)에서는 ____

____

______________________________________라고 하였고, Brown(2001:324)은 문화 간 의사소통에서 경계해야 하는 고정관념(stereotype)에 대해 ____________________

____

___________________________________라고 주장하였다.

2. 다음 자료를 보고 긴 인용 방식과 바꿔 쓰기 방식을 사용하여 '안락사 허용'을 주장하는 글을 써 봅시다.

〈참고자료 1〉 대한민국 헌법 제10조

모든 국민은 인간으로서의 존엄과 가치를 가지며, 행복을 추구할 권리를 가진다. 국가는 개인이 가지는 불가침의 기본적 인권을 확인하고 이를 보장할 의무를 진다.

〈참고자료 2〉 한국일보 2008년 11월 29일자 20면 기사

28일 법원의 존엄사(소극적 안락사) 허용 판결은 비록 제한적인 범위 내에서의 허용이지만, 인간이 존엄하게 자연사할 수 있는 권리를 처음 인정했다는 점에서 향후 안락사를 둘러싼 제도적 장치 마련에 발판이 될 것으로 보인다. 재판부는 이번 판결에서 무엇보다 안락사 논란의 핵심 쟁점인 '생명권'과 '자기운명결정권'의 충돌 문제에 대해 "인간의 존엄성이 생명권에 기초를 두고 있지만 죽음을 맞이하는 순간에서도 구현돼야 하는 궁극적 가치"라며 '존엄사권'을 인정, 스스로 죽음을 맞을 권리에 의미를 부여했다. 식물인간 상태인 고령의 환자 김 씨를 인공호흡기로 연명시키는 것은 "정신적 고통의 무의미한 연장을 강요하는 결과를 가져와 오히려 인간의 존엄과 인격적 가치를 해할 수 있다"는 것이다.

한국에서도 안락사는 사회적인 관심과 논의의 대상이 되고 있다. 안락사의 허용 입장에서는 무엇보다도 자신의 운명을 결정할 권리에 대해 주장을 하고 있으며, 이를 뒷받침하는 근거로 국민의 가장 기초가 되는 권리를 명시한 헌법 제10조항을 들고 있다.

____

____

____

또한 식물인간 상태의 환자에 대한 법원의 판결 사례 역시 안락사 허용 입장에 힘을 실어 주는 내용이다. ________________에 따르면 ________________________

____

____

____

06 인용하기

과제 2

다음 자료를 인용하여 '독서의 의미와 기능'에 대한 보고서의 한 부분을 써 봅시다.

독서는 기록된 문자를 읽는 행위이다. 하지만 단순히 '읽는' 행위만을 의미하지는 않는다. 독서란 일정한 상황을 고려하여 문자 기호를 해독하고 이를 적합한 의미로 이해하는 활동을 말한다.

– 오세영(2004 : 12)

책이란 저자와 독자의 대화이자 과거와 현재의 대화이며 지식의 수평적, 수직적 전달 통로이다. 인간은 사고를 저장하고 보존하는 장치인 책을 통하여 학문을 전수하여 왔다. 독서는 인간이 쌓아 놓은 학문적 성과를 가장 손쉽게 얻어내는 방법이라 할 수 있다. 따라서 독서 행위가 인간의 문화를 발전시켜 왔다고 해도 과언이 아닐 것이다.

– 조미숙(2009 : 53)

첨단 과학 시대인 오늘날 영상매체나 인터넷 정보의 홍수 속에서도 독서는 여전히 중요하다. 영상물이나 인터넷 내용의 핵심은 책에서 나온 것이기에 오히려 영상물이 발달할수록 독서가 더 필요한 것이 되고 있다. 현대에 와서 독서의 목적 중 첫째는 지식과 정보의 획득이다. 지식과 정보의 바탕 위에 현대 문명이 서 있고 사람들은 지식과 정보를 얻으면서 현대를 살아간다. 두 번째 목적은 즐거움을 얻는 데에 있다. 책을 읽으면 기쁨과 즐거움이 있다. 독서의 쾌락적 기능은 휴식과 여가 선용과도 연결된다. 세 번째는 인격 수양이 될 것이고, 네 번째는 정서적 고양이라고 할 수 있다. 특히 문학 작품을 읽으면 이를 느낄 수 있다.

– 곽재용(2008 : 132)

독서의 의미와 기능

본고에서는 인터넷과 영상물에 익숙한 요즘 세대에게 독서는 어떤 의미가 있으며 그 기능은 무엇인지를 알아보고자 한다. ______________________________

____

____

____

____

____

과제 3

자신의 보고서에서 인용할 참고문헌 자료를 가지고 여러 가지 인용 방식을 사용하여 단락을 완성해 봅시다.

참고문헌 자료의 서지사항

1.

2.

3.

✔ 인용을 할 때 다음과 같은 점을 검토한다.

- 인용한 자료의 모든 출처를 정확하게 밝혔나? ☐
- 공식적으로 검증된 자료를 인용했나? ☐
- 저자(연도), 책 제목, 쪽 수 등의 인용하는 방식을 정확하게 잘 지켰나? ☐

07 조사하기

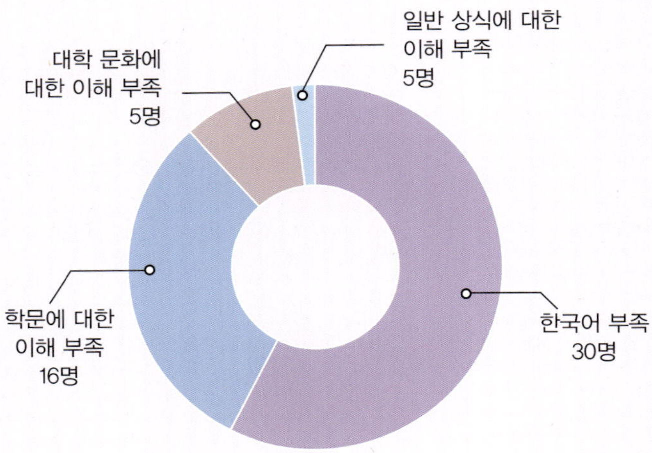

〈그림 1〉 대학생활에서 느끼는 어려움의 유형

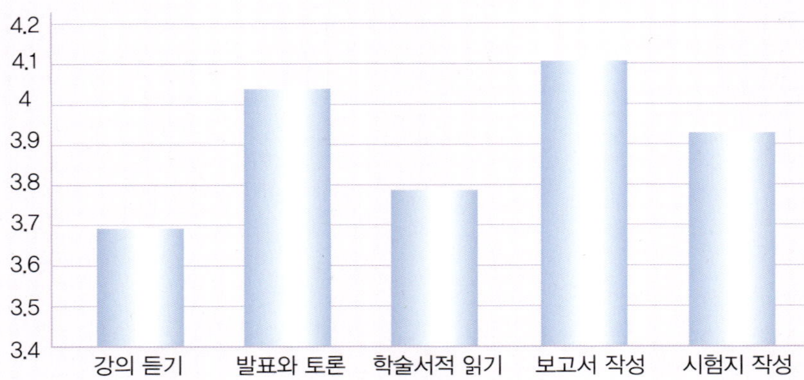

〈그림 2〉 수업 활동의 난이도

- 설문 조사가 필요한 경우는 언제입니까?

- 설문 문항의 종류에는 어떤 것이 있습니까?

안녕하십니까? 이 조사는 국내 유학생의 대학생활 실태에 대해 파악하고자 실시하는 설문입니다. 여러분의 대답은 한국어 학습자들을 위한 교재를 개발하는 데 귀중한 자료가 될 것입니다. 이 설문의 결과를 연구 이외의 다른 목적으로는 사용하지 않겠습니다. 감사합니다.

한국어교육과 박영수 올림(yskli@yoei.ac.kr)

1. 대학 생활에서 어려운 점이 무엇입니까? 가장 어려운 순서대로 번호를 써 주십시오.

❶ 도서관 등의 교내 시설 이용(　　) ❷ 친구 관계(　　) ❸ 교수님과의 관계(　　)
❹ 강의 수강(　　) ❺ 과제물 작성(　　)
❻ 수강 신청 등의 학사 정보 이해(　　) ❼ 기타 (　　)

2. 대학에서 강의를 어느 정도 이해할 수 있습니까? (　　)

❶ 거의 이해하지 못한다. ❷ 조금 이해할 수 있다.
❸ 어느 정도 이해할 수 있다. ❹ 대체로 이해할 수 있다.
❺ 이해하는 데에 어려움이 없다.

다음은 여러분에 대한 질문입니다. 정확하게 대답해 주십시오.

- 성별: 남/여
- 나이: ________세
- 국적: ________
- 전공: ________
- 대학교 학년: ________

이번 설문 조사의 대상자는 서울 소재의 한 대학교에 다니는 82명의 유학생들이었으며, 대학생활에서 실제로 어떠한 것에 가장 어려움을 느끼는지를 조사하였다. 조사 결과에 따르면 〈그림 3〉에서 보는 바와 같이 학부과정에 있는 한국어 학습자들은 강의 수강에 가장 큰 어려움을 겪고 있는 것으로 분석되었다. 즉, 강의 수강과 과제물 작성 등 대학 강의와 관련된 어려움이 각각 23%와 22%로, 이는 대학 생활 관련 어려움(학사 정보 이해 16%, 교내 시설 이용 9%)과 인간관계에서 비롯되는 어려움(친구와의 관계 15%, 교수님과의 관계 13%)보다 월등히 높은 것으로 나타났다. 따라서 한국어 학습자를 위한 교재에서는 강의 수강과 관련된 학습 활동을 과제로 다루는 것이 무엇보다도 필요함을 알 수 있다.

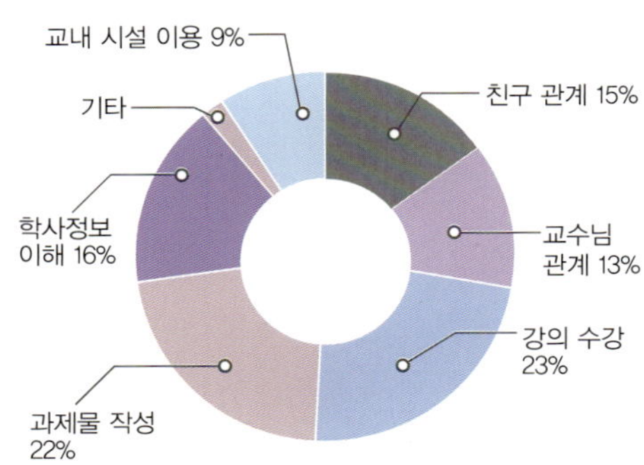

〈그림 3〉 대학생활에서 느끼는 어려움의 유형

07 조사하기

1. 위의 조사는 누구를 대상으로, 무엇에 대하여 실시한 조사입니까?

2. 설문지를 작성할 때 조사 내용을 담은 설문 문항 이외에 무슨 내용이 더 필요합니까?

- 최대한 공손하게 조사의 목적을 밝히고 연구자의 연락처도 밝히는 것이 좋다.
- 문항에 솔직하게 답하게 하려면 인구통계학적 정보는 가장 나중에 묻는다.

설문지 작성 단계

필요한 정보 결정	연구 목적을 수행하기 위해 필요한 내용들이 무엇인가, 어떻게 측정할 수 있는가를 결정한다.
자료 수집 방법 결정	우편조사, 전화조사, 면접조사, 웹 설문조사 중 어느 방법을 선택할 것인지 결정한다.
개별 문항 내용 결정	질문 내용이 연구에 반드시 필요한 것인지를 생각하고, 응답자가 질문 내용을 잘 이해할 수 있는지, 연구자에게 꼭 필요한 정보를 제공할 수 있는지를 고려하여 문항의 내용과 수를 결정한다.
질문 형태 결정	자유 질문형으로 답안을 직접 작성하게 할 것인지, 다지선다형으로 여러 개의 가능한 답을 제시하고 이 중 하나를 선택하게 할 것인지 문항의 형태를 결정한다. 중앙에 편중된 결과를 피하려면 짝수 척도를 구성하는 것이 좋다.
개별 문항 완성	하나의 질문에서 두 가지 내용을 질문해서는 안되며, 개별 문항의 질문 내용이 중복되어서도 안 된다.
질문 순서 결정	첫 번째 질문은 가능한 한 쉽게 응답할 수 있고 흥미를 유발하는 것이어야 한다. 문항 내용 간 순서와 관계를 고려한다.
설문지 외형 결정	응답하기 쉽도록 문항을 배치하고 시각적인 효과를 고려하여 여백을 많이 두는 것이 좋다.
설문 예비 조사	설문지의 초안이 완성되면 일단 응답자 집단 중 일부를 대상으로 예비 조사를 실시하고, 문제점이 발견되면 수정해야 한다.
설문지 완성	예비 조사 결과를 반영해 문항 내용을 수정하고 설문지를 최종 완성한다.

07 조사하기

설문지 문항 종류

- 이 관광지를 방문하신 이유는 무엇입니까? 자유롭게 쓰십시오.

- 이번 여름의 휴가 기간은 어느 정도입니까? (　　)

❶ 1박2일　❷ 2박3일　❸ 3박4일　❹ 4박5일　❺ 6일 이상

- 여행을 가서 하고 싶은 것이 무엇입니까? 모두 고르십시오.

❶ 쇼핑을 한다.　❷ 유명한 공연을 본다.
❸ 역사적인 유물을 둘러본다.　❹ 휴양지에서 휴식을 취한다.

	전혀 그렇지 않다	별로 그렇지 않다	그저 그렇다	다소 그렇다	매우 그렇다
여름에 휴가가 있으면 여행을 간다.	❶	❷	❸	❹	❺

- 방문하고 싶은 나라는 어디입니까? 가고 싶은 순서대로 번호를 쓰십시오.

(　→　→　→　→　→　→　→　→　→　)

❶ 미국　❷ 영국　❸ 프랑스　❹ 인도　❺ 중국　❻ 캐나다
❼ 일본　❽ 베트남　❾ 오스트레일리아　❿ 기타 (　　　　)

- 이 호텔에 대해서는 어떤 느낌을 받고 있습니까?

현대적이다 ←　❶　❷　❸　❹　❺　❻→　고전적이다

표 현

- **조사 결과에 따르면/그래프에서 보는 바와 같이** 학부 한국어 학습자들은 대학 강의 수강과 관련하여 보고서 작성과 발표, 토론을 어려워하는 것**으로 분석되었다.**
- 인터넷 활용 횟수를 활용 목적별**로 분석한 결과,** '정보 탐색', '대인 관계', '오락 게임' 등의 순으로 이용하는 것**으로 나타났다.**
- '수면 부족, 시력 저하, 신체 피로를 느낀다'**는 응답이 56.4%,** '공부에 집중할 수가 없어진다'**는 53.6%,** '성격이 나쁘게 변한다'**는 17.4%를 차지하는 것으로 드러났다.**
- **본 설문조사 결과를 보면,** 청소년이 즐겨 보는 신문 내용은 연예 · 예술 분야가 79.7%로 특정 분야에 지나치게 편중되어 있다는 것**을 알 수 있다.**
- 기업들은 금융기관 이용 시 애로를 느끼**는 사항으로** 51.7%가 '신용 대출 기피'**를 제일 먼저 꼽았다. 그리고** '복잡한 대출 서류 구비 요구(15.5%)' '과도한 담보 요구(13.7%)' **등이 그 뒤를 이었다.**

과제 1

다음은 대학생의 인터넷 이용 실태에 대한 설문조사 결과 중의 한 부분을 나타낸 그래프입니다. 이 그래프를 보고 설문 문항을 작성하고 조사결과를 써 봅시다.

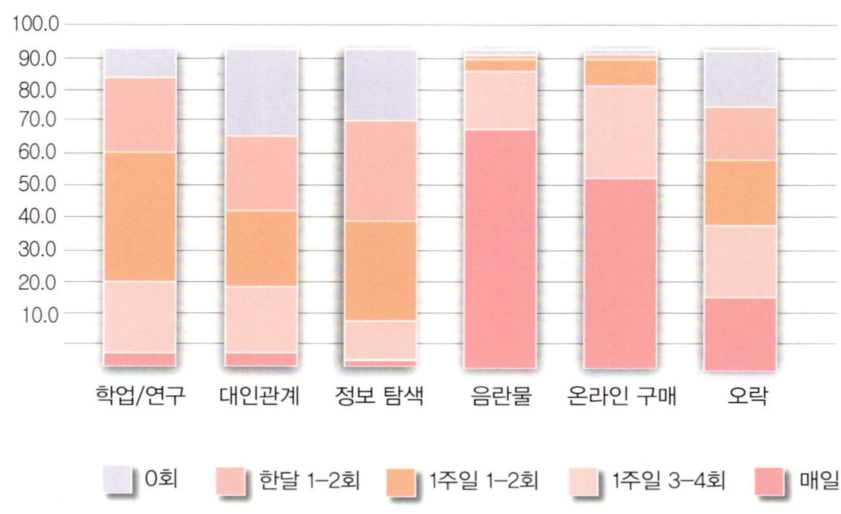

〈그림 4〉 대학생의 인터넷 이용 실태

07 조사하기

〈설문 문항〉

다음 목적으로 인터넷을 얼마나 자주 사용합니까?

목적 \ 횟수	전혀 사용하지 않음	______	______	______	매일
학업/연구	❶	❷	❸	❹	❺
대인관계	❶	❷	❸	❹	❺
______	❶	❷	❸	❹	❺
______	❶	❷	❸	❹	❺
______	❶	❷	❸	❹	❺
______	❶	❷	❸	❹	❺

〈설문 결과 분석〉

대학생들의 인터넷 사용 횟수를 활용 목적별로 분석한 결과, 학생들이 1주일에 3회 이상 인터넷을 이용하는 비율은 '______'의 경우가 가장 높았으며, 그 다음이 '______'로 나타났다. '______'나 '______'의 목적으로 인터넷을 사용하는 비율은 상대적으로 매우 낮은 것으로 분석되었으나, '______'의 경우, 30%를 넘는 학생들이 일주일에 3회 이상 이를 위해 인터넷을 사용하는 것으로 나타났으며 이러한 수치는 '학업/연구' 목적의 비율과 비슷하나 약간 높은 편이었다. 이는 중고등학교 학생들뿐만 아니라 대학생들도 인터넷의 유해성이나 게임 중독 등의 문제에 노출될 수 있다는 점을 시사한다.

과제 2

다음은 국내 대학교에 유학중인 한국어 학습자 52명을 대상으로 대학생활에 대해 설문 조사를 실시한 내용 중 한 부분입니다. 다음 결과를 얻기 위한 설문 문항을 만들고, 표와 그래프의 내용을 분석해 봅시다.

수업활동 / 수업 활동의 난이도	강의 듣기	발표와 토론	학술 서적 읽기	보고서 작성	시험지 작성
아주 어렵다 (5점) 대체로 어렵다 (4점) 그저 그렇다 (3점) 대체로 쉽다 (2점) 아주 쉽다 (1점)	3.69	4.05	3.78	4.12	3.94

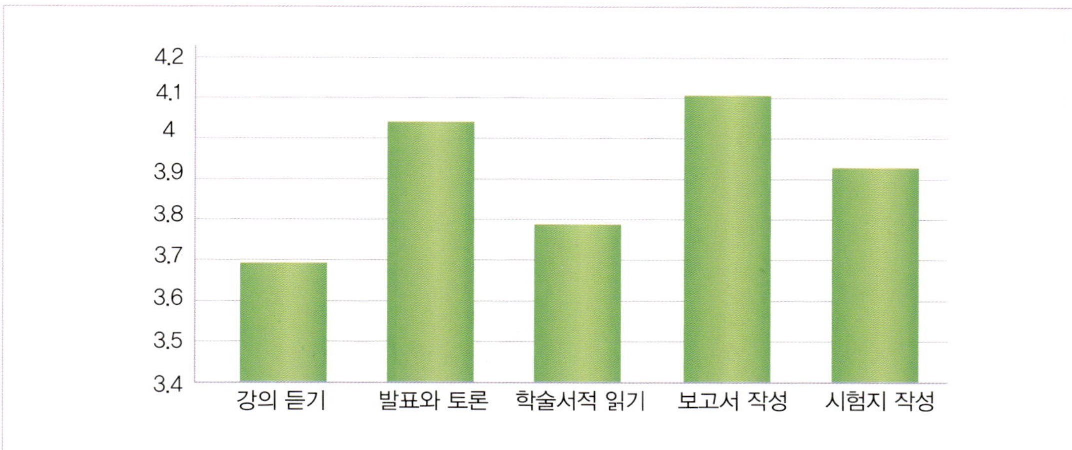

〈그림 5〉 수업 활동의 난이도

07 조사하기

강의 수강이 어려운 이유	한국어 부족	학문에 대한 이해 부족	대학 문화에 대한 이해 부족	일반 상식에 대한 이해 부족
인원	30명	16명	5명	1명

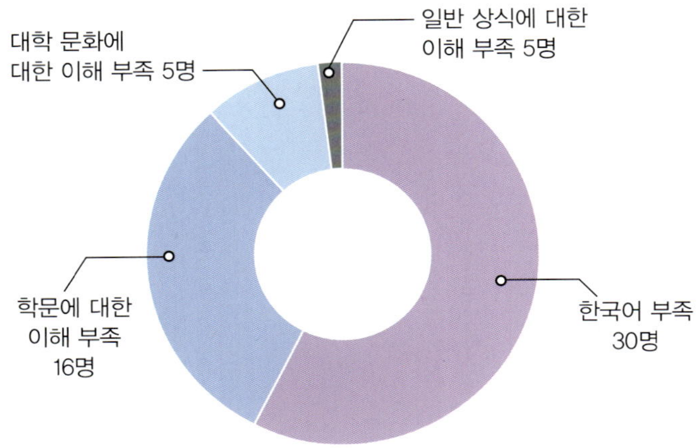

〈그림 6〉 대학생활에서 느끼는 어려움의 유형

〈설문 문항〉

1. ____?

	아주 쉽다 ❶	❷	❸	❹	아주 어렵다 ❺
• ____________					
• ____________					
• ____________					
• ____________					
• ____________					

2.

〈결과 분석 및 논의〉

서울 소재 대학교에 다니는 한국어 학습자 52명을 대상으로 한 설문 조사 결과에 따르면, ____________

____

____

____

____

____________________________ 따라서 한국어 학습자의 학습을 돕기 위한 교재에는 보고서를 작성하는 방법이나 발표, 토론 활동을 돕는 내용이 포함되어야 하며 대학에서 쓰이는 수준의 한국어를 중심으로 구성되어야 한다.

과제 3

조별로 토의하여 다음의 주제로 설문 문항을 작성하고 설문 조사를 해 봅시다.

- **주제 :** 교내 시설의 서비스 만족도 조사
- **설문 대상 :** 반 친구들
- **문항 수 :** 5개

〈인사말〉

____

- 얼마나 자주 이 시설을 이용하고 있습니까? ❶ ________ ❷ ________ ❸ ________ ❹ ________
- 이 시설을 이용한 지 얼마나 되었습니까? ❶ ________ ❷ ________ ❸ ________ ❹ ________

〈문항〉

1.

2.

3.

4.

5.

다음은 여러분에 대한 질문입니다. 정확하게 대답해 주십시오.

- 성별: 남/여
- 나이 : ________세
- 국적 : ________

〈결과 분석 및 논의〉

- 그래프

설문 조사 결과에 의하면 ______________________________

✔ 설문을 작성하고 결과를 분석할 때 다음과 같은 점을 검토한다.

- 조사할 내용에 필요한 설문 문항을 만들었나? ☐
- 문항의 종류를 적절하게 선택했나? ☐
- 설문 결과를 분석할 때 구체적 수치를 잘 비교할 수 있게 적절한 표현을 사용했나? ☐

08 결론 쓰기

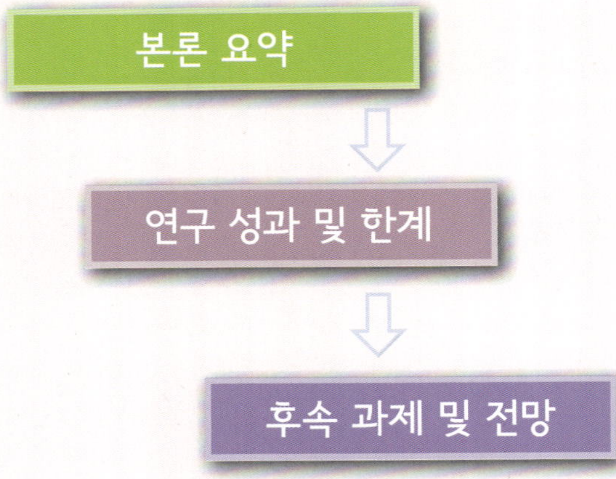

- 보고서를 마무리할 때는 어떤 말로 시작하는 것이 좋습니까?

- 보고서의 결론에는 어떤 내용을 써야 합니까?

지금까지 한국 사회의 고령화에 따른 문제점과 대책에 대해 살펴보았다. 이상의 내용을 간략히 정리해보면 다음과 같다. 본고에서는 먼저 고령화의 주요 원인을 저출산 현상과 평균 수명의 연장, 이 두 가지 측면에서 살펴 보았다. 그리고 고령화 사회의 문제로는 경제적인 면에서 국가 경제 성장 둔화를, 사회적인 면에서는 노인 소외 현상을 위주로 고찰해 보았다. 끝으로 이러한 고령화 사회가 야기하는 문제를 국가 차원에서 해결할 수 있는 방안을 모색하였다. 국가는 노인의 일자리를 창출하고 정년을 연장함으로써 경제 활동 가능 인구의 수를 늘려 국가 재정을 확보하는 방안을 마련해야 할 것이다. 또한 국가가 사회 복지 시스템을 구축하여 노인의 사회적 역할 상실 문제, 정보 격차 발생 문제도 해결해야 한다.

본고에서는 고령화의 원인과 문제점 분석을 통해 그 대책이 국가적인 차원에서 다루어져야 함을 밝혔고 그 대책 방안도 모색해 보았다. 그러나 본고에서는 사회 · 경제적 측면의 대책만을 고찰하였다. 노인층이 많아지는 고령화 사회에서 사회의 주요 구성원이 노인이 되었음에도 노인을 주체로 인식하기보다 부양 대상, 복지 대상으로 보는 데에 그쳤다는 점을 본고의 한계로 지적할 수 있다. 그러므로 앞으로의 연구에서는 고령화 사회의 한 구성원인 노인층을 주체로 인식하는, 좀 더 구체적인 대책이 마련되어야 할 것이다.

위의 결론을 읽고 이 보고서의 본론 내용을 추측하여 이야기해 봅시다.

- 서론과 본론에서 전개해온 내용을 요약하되, 같은 내용을 되풀이하지 말고 글 전체의 논의를 명확하게 정리해야 한다.
- 결론 부분에서 지금까지의 논의를 부정하거나 새로운 논의를 첨가해서는 안 된다.

08 결론 쓰기

구 성

본론 요약

지금까지 한국 사회의 고령화에 따른 문제점과 대책**에 대해 살펴보았다. 이상의 내용을 간략히 정리해보면 다음과 같다.**

연구 성과 및 한계

본고에서는 고령화의 원인과 문제점 분석**을 통해** 그 대책이 국가적인 차원에서 다루어져야 함**을 밝혔고** 그 대책 방안**도** 제시**해 보았다.**

그러나 본고에서는 사회 · 경제적 측면의 대책**만을 고찰하였다.** 노인층이 많아지는 고령화 사회에서 사회의 주요 구성원이 노인이 되었음에도 노인을 주체로 인식하기보다 부양 대상, 복지 대상으로 보는 **데에 그쳤다는 점을 본고의 한계로 지적할 수 있다.**

후속 과제 및 전망

그러므로 앞으로의 연구에서는 고령화 사회의 한 구성원인 노인층을 주체로 인식하는, 좀 더 구체적인 대책**이 마련되어야** 할 **것이다.**

표 현

본론 요약	• **이상에서** 사회의 고령화로 인한 경제 인구 감소가 국가 재정에 미치는 영향**에 대하여 논의하였다.** • **지금까지** 노인 복지시설에 대한 만족도**를 분석하였다.** • **이제까지** 한국 사회의 고령화에 따른 문제점과 그 대책**에 대하여 살펴보았다.** • **본론에서는** 고령화에 따른 문제점을 국가 경제 **면에서 고찰해 보았다. 그 결과** 사회의 고령화는 경제 활동 인구를 감소시키고 노인 부양비를 증가시켜 국가 경제를 악화시킨다는 것**을 알 수 있었다.** • **이상의 내용을 정리하면 다음과 같다. 먼저** … • **지금까지 살펴 본 내용을 요약하면 다음과 같다.**
연구 성과 및 한계	• **분석 결과/조사 결과/그 결과** 노인 복지 시설에 있는 노인들보다 가족과 함께 사는 노인들의 삶에 대한 만족도가 높게 **나타났다.** • **이상의 논의를 통해/이 연구를 통해** 노인 문제는 개인과 사회를 넘어 국가적인 차원의 대책이 마련되어야 함**을 알 수 있었다.** • **이 연구에서는** 노인 소외 문제가 개인 차원의 문제가 아닌 심각한 사회 문제가 될 수도 있음을 **밝혔다.** • **이 연구는** 정부가 노인 복지 정책의 방향을 정하는 데**에 도움을 줄 것이다.** • **본 연구는** 정부의 노인 복지 정책에 구체적인 방향을 제시했다**는 점에서 그 의의가 있다.** • **이상의 연구 결과를 통해** 노인들이 가장 원하는 것은 경제적인 안정보다 가족과 함께 하는 삶이라는 **것을 확인할 수 있었다.** • **그럼에도 불구하고 이 연구는** 노인을 부양과 복지의 대상으로만 파악했다는 **한계를 지닌다.** • 구체적인 방법을 제시했**다기보다는** 그 방향만을 제시하**는 데에 그쳤다는 점을 본고의 한계로 지적할 수 있다.** • 그러나 본고는 그 대책을 제시함에 있어 사회 · 경제적 접근**만을 시도한 면이 없지 않다.**
후속 과제 및 전망	• **앞으로** 노인 복지 정책의 구체적인 방안**에 대한 연구가 이루어져야 할 것이다.** • **후속 연구에서는** 노인의 일자리 창출에 대한 구체적인 방안을 모색해 보**도록 하겠다/보기를 기대한다.** • 노인층에 대한 인식이 변화된**다면** 고령화에 따른 사회 문제를 좀 더 쉽게 해결할 수 있을 **것이다.**

08 결론 쓰기

과제 1

다음은 '남북한 언어 비교'에 대한 보고서의 결론 부분에 쓸 자료입니다. 자료의 내용을 참고하여 결론 단락을 써 봅시다.

제목 : 남북한 언어의 이질화 현황과 동질성 회복을 위한 방안

본론 요약	• 남북한 언어 이질화 원인 – 남북한의 언어관과 언어 정책이 다르다. • 남북한 언어 이질화 현황 – 맞춤법, 어휘, 문법을 비교, 대조하여 분석하였다. • 남북한 언어 동질성 회복을 위한 방안 – 남북한 언어공동위원회를 구성하여 남북한어 사전을 편찬해야 한다. – TV 등 언론 매체를 활용하여 남북한 언어를 양쪽에서 모두 접할 기회를 제공해야 한다.
연구 성과 및 한계	• 남북한 언어 이질화 원인과 그 현황을 분석함으로써 남북한 언어에 차이점이 많음을 밝혔다. • 남한과 북한은 통일 후 문화적 이질성을 극복해야 하는데 그 중 언어의 동질성 회복이 가장 급선무이므로 남북한 언어 비교 연구는 의의가 있다. • 자료가 부족하여 2000년 이전의 자료만 분석하였고 최신 자료는 분석하지 못했다.
후속 과제 및 전망	• 앞으로 지금까지 연구되어 온 남북한 언어 비교 연구 결과를 바탕으로 남북한 언어의 동질성 회복을 위한 구체적이고 현실적인 방안이 마련되어야 한다.

지금까지 남북한 언어의 이질화 현황과 동질성 회복을 위한 방안에 대해서 살펴보았다. ______________________

과제 2

다음은 'TV에 반영된 여성의 성역할에 관한 고찰'이라는 제목의 보고서 개요 결론 부분입니다. 개요를 보고 결론 부분을 써 봅시다.

본론 요약	⇨	연구 성과 및 한계	⇨	후속 과제 및 전망
• TV가 대중의 성역할 인식에 큰 영향을 미침 • 뉴스 프로그램에서의 여자 앵커 역할 분석: 미모 우선, 남성 앵커의 보조 역할 • TV 광고 속의 여성 이미지: 주부, 어머니		• TV에 반영된 여성의 성역할 분석을 통해 여성이 보조적인 역할을 하고 있음을 확인 • TV를 통한 성역할 교육의 중요성을 밝힘 • 구체적이고 바람직한, 남성과 여성의 성역할 제시 못함		• 올바른 성역할을 제시하는 다양한 TV 프로그램 개발 필요

과제 3

자신이 쓰고자 하는 주제로 보고서의 결론을 써 봅시다.

제목 : ______________________

본론 요약	
연구 성과 및 한계	
후속 과제 및 전망	

결론을 쓰고 나서 다음과 같은 점을 검토한다.

- 본론에서 다룬 내용을 요약하면서 주제를 강조했나? ☐
- 서론에서 제기한 문제에 대한 대책을 명확하게 제시했나? ☐
- 연구의 성과 및 후속 과제가 잘 나타나 있나? ☐

09 각주 및 참고문헌 달기

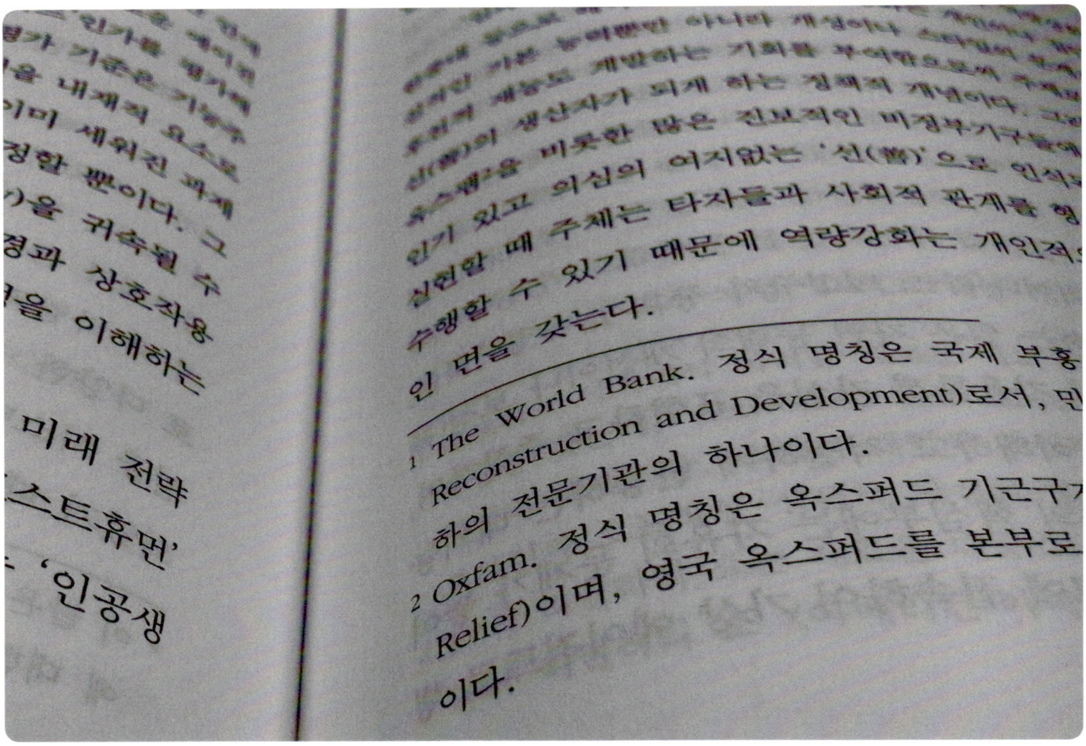

보고서에서 각주는 어떤 용도로 사용됩니까?

보고서에서 참고한 자료나 문헌은 어디에 어떻게 표기합니까?

(가)

남녀 학부 유학생이 선배에 해당하는 사람을 어떻게 부르는지에 대한 설문 결과를 보면 남녀 유학생 모두 '선배님'을 가장 선호하고 있었고, 여학생이 남학생에 비하여 더 많은 호칭어를 사용하고 있었다.[1] 이 결과는 신말순(2001)과 비교하면 흥미롭다.[2] 이번 설문 조사에서 남학생은 '누나'를 적게 사용하는 반면 동일한 상황에서 여학생은 '언니'를 더 많이 사용하는 것으로 드러났다. 또한 남학생은 '형'을 적게 사용하는 반면 여학생은 남학생에 비해 동일한 상황에서 '오빠'를 많이 사용하고 있었다. 이는 신말순(2001)에서와 같이 한국 남학생이 '형'이라는 호칭을 선호한다는 점에 비춰볼 때 흥미로운 결과라고 할 수 있다.

다음은 대학에서 '언니, 누나, 오빠, 형'과 같은 친족 호칭어[3]를 사용하는 이유에 대한 학부 유학생들의 응답 결과이다.

---

1) 이번 설문 조사에서는 8명의 여학생이 '특히 남학생의 경우 '선배님'이라고 한다' 등의 단서 조항을 달았으며 '~씨', '안 부름' 등 다양한 응답을 하였다.

2) 신말순(2001:2~5)은 부산과 오사카 지역 대학생의 호칭 실태를 비교하여 제시하였는데 '형(오빠)'의 호칭은 소원한 관계보다 친한 관계에 많이 사용하고 '선배'는 '형'과는 달리 소원한 관계에 사용하며, 형(오빠)의 호칭은 여성에 비해 남성이 많이 사용하고 '선배'의 호칭은 여성이 많이 사용하는 특징을 보인다고 하였다.

3) 홍민표(1997:490), 신말순(2001:50~51) 참조

(나)

〈참고문헌〉

강현화(2004), 「한국어 회화 교재에 나타난 어휘 분석」, 『비교문화연구』 5집, 비교문화연수소, 3~2쪽.

김호기 · 임경순 · 최혜실 외 (2002), 『지식의 최전선』, 한길사.

박지순(2005), 「학술 논문 텍스트의 표지 분석」, 연세대학교 교육대학원 석사학위 논문.

Bachman, L.F.(1990), *Fundamental considerations in language testing*, Oxford University Press.

Brown, H.D.(2001), 『외국어 학습 · 교수의 원리』, 이흥수 외 역, Pearson Education Korea.

Chanell, J.(1981), Applying semantics theory to Vocabulary teaching, *ELT Journal* vol. 35, pp. 115~122.

글 (가)에서 각주를 어떤 용도로 사용하고 있습니까? 각주 세 개를 비교하십시오.

글 (나)에서 참고문헌 표기 순서와 방법을 살펴봅시다.

09 각주 및 참고문헌 달기

표현

각주	1) **이 보고서에서** 다루고자 하는 '다문화가정'은 어머니가 여성 결혼 이민자인 가정**에 한정한다.** 2) 물론 모든 음운 규칙이 유창성과 관련을 맺는 것은 아니다. **이에 대해서는 3장에서 자세하게 논의하겠다.** 3) '발음 교육만을 위한 전문 교재'를 **본고에서는 앞으로** '발음 교재'**라고 칭하기로 한다.** 4) 신지영 · 차재은(2003:264) **참조/참고** 5) 평가 방식**에 관련된 논의는 4.2절 참조** 6) **이러한 사실은** 강승혜(2003:17)의 조사표**를 통해 확인할 수 있다.** 2000년대에 들어 전체적인 연구 현황**을 다룬 논의로는** 박영순(2002), 강승혜(2003), 조항록(2005) **등이 있다.** 7) 최금혜(2008:125)**에서 예문 발췌** 8) 장르는 헐리우드 영화가 만들어낸 정형적인 서사 구조와 관습을 일컫는다. 한국의 경우 1960년대에 이르면 코미디물이 인기를 끌고 추리물도 나오기 시작하며 장르도 다양해진다.
참고문헌	• 서상규 · 한영균(1999),『국어정보학입문』, 태학사. • 이해영(2001), 「대학의 외국인 유학생을 위한 한국어교육」,『이중언어학』제18호, 이중언어학회, 279~301쪽. • 정화영(2000), 「한국어 말하기 숙달도 평가 방안」, 연세대학교 교육대학원 석사학위 논문 • Bachman, L.F.(1990), *Fundamental Considerations in Language Testing*, London: Oxford University Press. • Qian, D. D.(2009), Comparing Direct and Semi-Direct Modes for Speaking Assessment: Affective Effects on Test Takers, *Language Assessment Quarterly*, 6, pp. 113~125.

- 각주의 사용 용도는 다음과 같다.
  - 본문에서 인용된 내용의 출전을 밝힌다.
  - 본문에서 논의된 주제를 뒷받침하는 다른 참고문헌 정보를 추가한다.
  - 보고서 내부의 특정한 부분 혹은 외부에서 참조할 내용을 지시한다.
  - 본문에서 주장한 내용을 부연 설명하거나 반론을 소개한다.
- 한 번 각주로 서지사항을 밝힌 자료를 글의 뒷부분에서 다시 한 번 인용해야 할 경우, '위의 책, 상게서 *ibid*.'로 표시하고 쪽수를 적는다.
- 참고문헌을 정리할 때는 보고서 본문에서 인용한 문헌과 자료를 모두 기록해야 하며 직접 인용하지 않았어도 보고서를 작성하는 과정에서 참고한 문헌들 중 중요한 문헌을 수록한다.
- 참고문헌은 문헌, 자료의 순으로 수록하며, 각각의 경우 국문으로 된 문헌과 자료를 먼저 수록하고 외국 문헌과 자료는 그 다음에 수록한다.
- 참고문헌은 저자 이름에 따라 가나다순으로 표기하며, 외국 문헌의 경우 저자 이름의 알파벳 순에 따라 표기한다.
- 공동 저서인 경우, 대표 필자가 3인 이하인 경우는 밝혀 적고 그보다 많으면 대표 필자 뒤에 '외'로 표기한다. 외국 문헌은 대표 필자 뒤에 'et al.'로 표기한다.
- 한 필자의 문헌이 여러 개 있을 경우 연도 순으로 적으며 같은 연도의 문헌이 여러 개 있을 경우, (1990a), (1990b)와 같이 표기한다.
- 재판을 찍었을 때는 (박래현, 1983, 2008)과 같이 원본의 발행 연도를 먼저 적고 개정판이나 증보판 등 최신판의 연도를 이어서 적는다.

09 각주 및 참고문헌 달기

과제 1

1. 아래 세 가지 글의 알맞은 부분에 각주 번호를 붙여 다음 자료를 각주로 달아 봅시다.

각주 자료

- 호텔의 서비스는 크게 기본적 서비스와 부가적 서비스로 구분할 수 있다. 기본적 서비스는 종사원의 인적 서비스와 관광 호텔의 객실 제공으로 인한 판매 행위를 지칭한다. 이에 대해 부가적 서비스는 객실 내 융단 장식, 서화 장식 등과 같이 호텔의 본질적 기능에 부가하여 제공하는 보완적 추가적 서비스를 지칭한다.
- 물론 모든 음운 규칙이 유창성과 관련을 맺는 것은 아니다. 이에 대해서는 3장에서 자세하게 논의하겠다.
- 2009년 현재 한국으로 유학을 와 있는 정부초청 장학생은 1,387명으로 학부 400명, 대학원 987명이다.(국적은 가나를 비롯해 총 108개국이다. (국립국제교육원 홈페이지 http://www.niied.go.kr 참조)

(가) 한국어교육에 있어서도 비언어적 커뮤니케이션 연구는 매우 중요하다. 최근 정부초청 장학생이 급증하면서 한국어 학습 교실 내에서는 다양한 언어권에서 온 외국인이 한국어 수업을 듣고 있다. 한국어라는 공통된 목표 언어 환경 안에서 학습자들은 자연스럽게 비언어적인 요소에 의존하기 마련이다.

---

1)

(나) 본고에서는 음운 규칙이 발음의 정확성과 연결될 뿐만 아니라 유창성과도 연결될 가능성이 있음을 언급하고자 한다. 이러한 음운 규칙들에 대한 적극적인 교수 학습이 자연스러운 한국어 발음의 습득에 긍정적인 영향을 미칠 수 있음을 논하고자 하는 것이다.

---

1)

(다) 호텔 경영의 특성으로 다음과 같은 점을 지적할 수 있다. 첫째, 호텔 경영은 서비스 의존성이 높다. 그 중에서도 인적 서비스에 대한 의존성이 높다. 그러므로 호텔 경영에 있어서는 고객의 안내, 접객 업무, 판매 서비스, 고객 편의 제공 서비스 등에 있어서 인적 자원이 중심이 된다. 둘째, 호텔 경영은 기계화의 한계성을 내포하고 있다.

1)

2. 다음의 문헌 자료를 순서대로 배열하여 참고문헌 목록을 작성해 봅시다.

❶ 노용진 · 김동배 · 박우성(2003), 「혁신적 인사관리제도 도입의 영향 요인」, 『경영학연구』, 32권 4호, 955~981쪽.
❷ 김식현(1999), 『인사관리론』, 서울 : 무역경영사.
❸ Scott, R. (1995), *Institutions and Organizations*. London: Sage.
❹ Brown, M. & Heywood, J.S.(2005), Performance Appraisal Systems: Determinants and change, *British Journal of Industrial Relations*, 43(4), pp. 659~679.

〈참 고 문 헌〉

과제 2

1. 다음은 보고서의 한 부분입니다. 아래 자료의 내용을 어느 부분에 각주로 넣을 수 있는지 살펴서 각주 번호를 붙이고 각주를 달아봅시다.

국제 결혼이 1990년대 후반 이후부터 유행하였기 때문에 2000년에 들어서면서부터는 다문화가정에서 태어난 자녀가 초등학교에 입학하기 시작하였다. 그러나 최근 이들 다문화가정 자녀들이 학교생활에 적응하는 데 어려움을 겪고 있으며 이들에게 학습 부진 현상이 나타나고 있다는 보고가 나오고 있다. 이들 다문화가정 자녀가 학교생활에 적응하기 어려운 주요 원인 가운데 하나가 바로 어휘력의 차이 때문이다.

본고의 목적은 다문화가정 자녀의 어휘력 수준을 조사하는 데에 있다. 이를 위해 먼저 다문화가정 자녀의 실태를 파악하고자 학부모와 초등학교 교사를 대상으로 설문 조사를 실시하였다. 설문은 경북 지역의 초등학교를 중심으로 이루어졌으며, 폭넓은 의견 수렴을 위하여 도시와 농촌 지역을 모두 대상으로 하였다. 설문 조사에 응답한 다문화가정 학부모는 총 82명이며, 출신국은 일본(45%), 중국(29%), 필리핀(17%), 베트남(8%), 기타(1%) 순으로 나타났다.

---

1)

2)

3)

❶ 도시 지역은 포항, 구미를 대상으로 삼았고, 농촌 지역은 성주, 봉화, 칠곡, 예천을 대상으로 삼았다. 이는 도시와 농촌 간의 다문화 가정이 처한 상황이 다를 것으로 예측하였기 때문에 그 차이를 보고자 함이다.

❷ 2008년 경북 지역 여성결혼이민자의 국적별 분포를 보면 중국(40.2%), 베트남(37.8%), 필리핀(7.5%), 일본(5.5%), 기타(9.0%) 순이다(김기창, 2009). 본 조사는 초등학생 자녀를 둔 학부모를 대상으로 한 것으로, 설문에 응한 학부모 중 일본인 비율이 높은 것은 종교적인 이유 등으로 한국에 정착한 일본 여성들의 이주 시기가 타 국적의 이주 여성들보다 이르기 때문이다.

❸ 이 보고서에서 다루고자 하는 '다문화가정'은 어머니가 여성결혼 이민자인 가정에 한정한다.

2. 다음은 보고서에 사용한 자료의 문헌정보입니다. 이를 바탕으로 참고문헌 목록을 만들어봅시다.

자료 1

- 서명: 문화간 의사소통의 이해
- 저자: 유수연
- 발행연도: 2008년
- 출판사: 한국문화사

자료 2

- 서명: Teaching Culture
- 저자: Seelye, H.
- 발행연도: 1993년
- 출판사: National Textbook Company

자료 3

- 논문명: 문화 간 의사소통의 갈등 양상 분석
- 저자: 김정은
- 발행연도: 2008년
- 잡지명: 한국어교육 19권 2호
- 발행처: 국제한국어교육학회
- 쪽수: 1~38쪽

〈참고문헌〉

과제 3

자신이 작성하고 있는 보고서에 각주를 적절하게 넣었는지 검토하고, 보고서에서 사용한 각주의 다양한 예를 세 가지 이상 써 봅시다.

1)

2)

3)

✔ 각주를 달 때 다음과 같은 점을 검토한다.

- 각주 내용이 본문 내용을 전개하는 데 꼭 필요한가? ☐
- 각주를 적절한 위치에 달았나? ☐
- 각주 표기 방식을 정확하게 잘 지켰나? ☐

2. 자신이 작성한 보고서에 첨부할 참고문헌을 정리해 봅시다.

〈참고문헌〉

✔ 참고문헌 목록을 정리할 때 다음과 같은 점을 검토한다.

- 보고서에 인용한 글을 모두 참고문헌 목록에 적었나? □
- 참고문헌을 표기할 때 순서와 양식을 잘 지켰나? □

10 평가하기

구조	적절성	본론 구조	단락 내(두 · 미괄식), 단락 간 논리적 진술 구조가 있는가?
		단락 구분	서론, 본론, 결론이 잘 구성되었고, 적절한 길이로 단락을 구분했는가?
양식	정확성	표지	제목과 학번, 이름을 표지 규약에 맞추어 썼는가?
		참고 자료	〈참고문헌〉을 잘 정리하고 본문에 각주 표시를 하였는가?
		어법	어법과 객관적 어휘, 문어적 어미 사용에 오류가 없는가?
	격식성	서론	서론에 연구 목적 및 연구의 필요성을 밝혔는가?
		본론	주장에 대한 예시 내용이나 예상되는 반론을 검토한 내용을 썼는가?
		결론	결론에서 독자를 설득하기 위한 내용을 언급하였는가?
내용	창의성	주제	논의할 가치가 있고 참신한 주제를 선정하였는가?
		배경 지식	주제와 관련된 배경 지식을 활용해 내용을 풍부히 하였는가?

〈교사 평가표〉

- 글을 다 쓰고 나서 처음으로 읽어볼 때는 무엇을 고칩니까?

- 보고서를 제출하기 전에 마지막으로 무엇을 점검해야 합니까?

수 정

다음과 같은 순서로 고쳐 써야 할 내용에 유의하면서 자신이 쓴 보고서를 고쳐 봅시다.

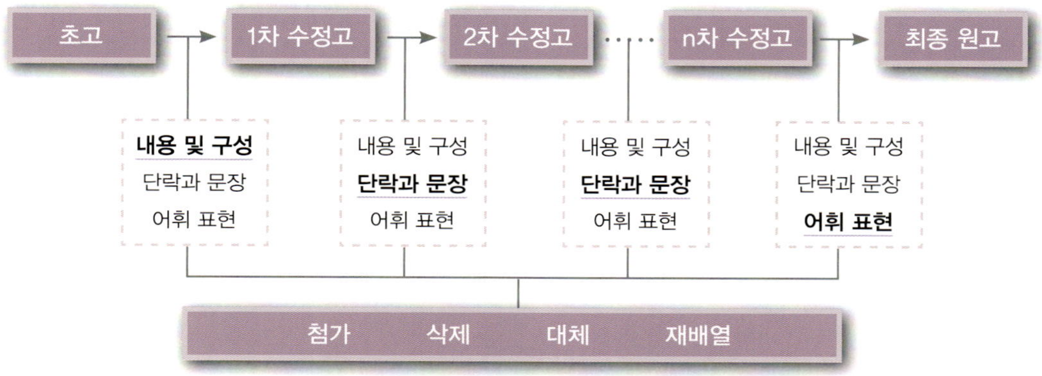

내용 및 구성

❶ 분량이 적은 보고서에서는 목차를 쓸 때, 'Ⅰ. 서론, Ⅱ. 본론, Ⅲ. 결론'이라고 쓰는 대신에 'Ⅲ. 광고 매체의 사회적 영향'과 같이 내용을 요약하여 정리한 것으로 제목을 붙일 수 있다.

❷ 전체적으로 층위가 맞지 않는 본문의 장은 다른 장 안으로 내용을 나누어 넣고 해당 장을 없애도록 한다.

❸ 가능하면 본문의 각 장은 비슷한 분량과 구조로 구성하는 것이 좋다.

단락과 문장

❶ 서론에서 일반적인 현황에서 구체적인 화제로 이어지도록 도입을 했는지, 연구 대상을 명료하게 설명했는지를 점검한다.

❷ 본론에서 자신의 주장과 의견을 설득력 있게 전달하기 위해 필요한 논리 전개 방법(주장–예시, 원인–결과, 문제 제기–해결, 비교/대조 등)을 채택하였는지 점검한다.

❸ 결론에서 본론의 내용과 자신의 주장을 잘 요약하여 마무리했는지 점검한다.

❹ 문장이나 단락 간의 순서를 재배열해서 주제가 명료해지는 부분이 있으면 문장이나 단락의 순서를 바꾼다.

❺ 한 단락 안에서는 소주제문에 이어 구체적 사례를 뒷받침 문장으로 제시하는 것이 좋다.

❻ 단락의 중심 내용이 바뀌는 부분에서만 줄을 바꾸어 새로운 단락을 작성하되, 소제목이 없는 경우는 한 줄을 띄지 않고 들여쓰기만 한다.

어휘 표현

❶ 단락이나 문장 간 관계가 명확하게 드러나도록 지시어와 접속어를 정확하게 쓴다.

❷ 학술적 보고서에 어울리는 문체 '–는다.'로 통일하고, '나'라는 주어나 '어제'과 같은 구체적 시간을 쓰지 않는다.

❸ 구어체나 축약어를 사용하지 않는다.

10 평가하기

첨 삭

다음 표를 보면서 친구의 글을 첨삭한 후에 고쳐 쓸 내용에 대해서 서로 이야기해 봅시다.

주제·내용	주제	이 글의 주제는 무엇인가?	
		주제가 가치 있고 참신한가?	
	배경 지식	이 주제를 드러내기 위해 더 써야 할 정보는 없는가? 주제와 맞지 않는 내용은 없나?	
	자료 활용	인용 부분이 주제를 잘 뒷받침하고 있는가? 인용 출처를 밝혔나?	
	독자	예상 독자가 이 글의 목적과 주제에 맞게 설정되었나? 누구인가?	
구성	논리성	주장을 뒷받침하는 논거를 잘 썼나? 어디에 논거가 부족한가?	
	일관성	전체 주제에서 벗어난 내용이 어디에 있나?	
	통일성	단락과 단락의 연결이 논리적이지 않은 부분이 어디에 있나?	
단락	단락 구성	각 단락이 소주제문과 뒷받침 문장으로 이루어져 있나?	
	연결성	문장들은 서로 긴밀하게 연결되어 글의 주제를 뒷받침하고 있나?	
문장·어휘	적절성	옆의 사항을 참조하여 잘못 쓴 문장에 밑줄을 그으십시오.	❶ 주어-서술어가 일치되지 않음 ❷ 너무 긴 문장
		옆의 사항을 참조하여 이상한 표현에 밑줄을 그으십시오.	❶ 잘못 쓴 지시어 ❷ 잘못 쓴 어휘
총평	이 글의 전체적인 인상이 어떻습니까? 글을 잘 고치도록 도와줄 수 있는 조언을 쓰십시오.		

※ 친구의 글을 첨삭할 때 주의 사항
- 잘 쓴 점을 먼저 칭찬한다.
- 문법적 실수보다는 내용이 논리적으로 전개되었는지를 살피는 데 집중한다.
- 더 좋은 글로 고치는 데 필요한 조언을 한다.

평가

그동안 자신이 고쳐 쓴 보고서의 수정본을 검토하면서 여러 번 반복해서 틀리는 맞춤법과 문법의 실수를 찾아 목록을 만들고, 자신의 글에서 잘 쓴 점과 부족한 부분을 스스로 평가해 봅시다.

<table>
<tr><td>글의 주제</td><td colspan="4"></td></tr>
<tr><td>글의 목적</td><td colspan="4"></td></tr>
<tr><td>예상 독자</td><td colspan="4"></td></tr>
<tr><td>맞춤법 실수</td><td colspan="4"></td></tr>
<tr><td>문법 실수</td><td colspan="4"></td></tr>
<tr><td rowspan="6">자기 평가</td><td>평가 항목</td><td>그렇다</td><td>보통이다</td><td>아니다</td></tr>
<tr><td>글을 맞춤법에 맞게 쓰고 문장 성분 간의 호응 관계를 지켰다.</td><td></td><td></td><td></td></tr>
<tr><td>서론에서 연구의 목적을 밝히고 본문 내용을 소개하였다.</td><td></td><td></td><td></td></tr>
<tr><td>본론을 주장과 근거 등 논리적 구조로 조직하였다.</td><td></td><td></td><td></td></tr>
<tr><td>결론에서 본문 내용을 요약하고 연구의 성과를 밝혔다.</td><td></td><td></td><td></td></tr>
<tr><td>각주와 참고문헌, 표지 내용 등을 보고서의 양식에 맞게 썼다.</td><td></td><td></td><td></td></tr>
</table>